Trossachs – Callander/Killin

Cairngorms – Aviemore/Glenmore

Lochaber – Fort William

Wester Ross – Gairloch/Kinlochewe

Sonnenuntergang an der Westküste

Schottische Highlands

Alle Informationen, schriftlich und zeichnerisch, wurden nach bestem Wissen zusammengestellt und überprüft. Sie waren korrekt zum Zeitpunkt der Recherche. Eine Garantie für den Inhalt, z.B. die immerwährende Richtigkeit von Preisen, Adressen, Telefon- und Faxnummern sowie Internetadressen, Zeit- und sonstigen Angaben, kann naturgemäß von Verlag und Autor - auch im Sinne der Produkthaftung - nicht übernommen werden. Die Autorin und der Verlag sind für Lesertipps und Verbesserungen (besonders per E-Mail) unter Angabe der Auflagen- und Seitennummer dankbar.

Dieses OutdoorHandbuch hat 160 Seiten mit 55 farbigen Abbildungen, 31 farbigen Kartenskizzen im Maßstab 1:25.000/50.000/75.000 sowie 26 farbigen Höhenprofilen und einer farbigen, ausklappbaren Übersichtskarte. Es wurde auf chlorfrei gebleichtem Papier gedruckt, in Deutschland klimaneutral hergestellt und transportiert (die Zertifikatnummer finden Sie auf unserer Internetseite) und wegen der größeren Strapazierfähigkeit mit PUR-Kleber gebunden.

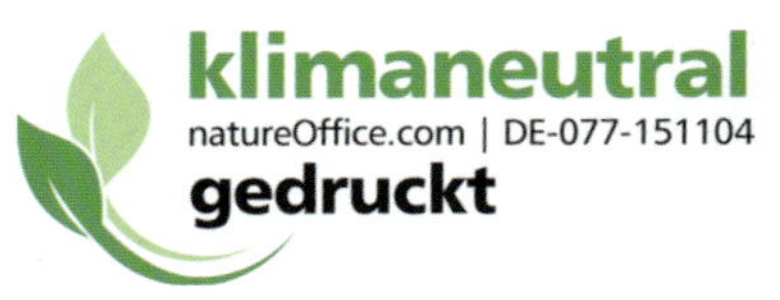

Dieses Buch ist im Buchhandel und in Outdoor-Läden erhältlich und kann im Internet oder direkt beim Verlag bestellt werden.

OutdoorHandbuch aus der Reihe „Regional", Band 365

ISBN 978-3-86686-415-3 1. Auflage 2016

Dieses OutdoorHandbuch wurde konzipiert und redaktionell erstellt vom Conrad Stein Verlag GmbH, Kiefernstraße 6, 59514 Welver,
☎ 023 84/96 39 12, FAX 023 84/96 39 13,
info@conrad-stein-verlag.de, www.conrad-stein-verlag.de

Werden Sie unser Fan: www.facebook.com/outdoorverlage

Text und Fotos: Doris Dietrich und Grant Cornwallis (gc)
Karten: Heide Schwinn
Lektorat: Amrei Risse
Layout: Manuela Dastig
Gesamtherstellung: Werbedruck GmbH Horst Schreckhase

Titelfoto: Gruinard River mit An Teallach im Hintergrund

Inhalt

Einleitung

Schottland ist ein wahres Wanderparadies - vor allem für Bergsteiger und Wanderer, die Einsamkeit und wilde, raue Landschaften lieben. Auch wenn jede Ecke des Landes interessante Touren aufweist, sind es im Besonderen die Highlands, die Wandergäste anziehen und beeindrucken.

Ein Grund dafür liegt in der geologischen Geschichte des Hochlands. Entstanden vor Millionen, ja gebietsweise Milliarden von Jahren wurden die Gesteine in den Eiszeiten in dramatischer Weise geformt. Dem Besucher präsentieren sich die Highlands mit weiten Bergtälern, rauen Küstenlandschaften, zerklüfteten Felsmassiven, Moorlandschaften und einsamen Seen und Flussgebieten. Aufgrund ökologischer Gegebenheiten und historischer Entwicklungen sind große Teile des Hochlands heute nahezu menschenleer und bieten dem Wanderer grenzenlose Ruhe und Beschaulichkeit.

Wegen des großen Angebotes stellt die Tourenauswahl in Schottland eine Herausforderung für jeden Wanderfreund dar. Es ist unmöglich, während nur einer Reise ein vollständiges Bild des Landes zu erlangen. Große Entfernungen, wechselnde Wetterlagen und mangelnde Wanderinfrastruktur zwingen zu Einschränkungen in der Reiseplanung und Flexibilität in der Ausführung. Um dieser Tatsache Rechnung zu tragen, wurden für dieses Wanderbuch vier interessante und beliebte Wandergebiete in den Highlands ausgewählt. Zu jeder Region werden 5 bis 7 Touren vorgestellt. Dies soll es Ihnen ermöglichen, unterschiedliche Landschaften kennenzulernen und etwas tiefer zu erforschen. Die Regionen sind: Trossachs (lediglich 60 bzw. 100 km von Glasgow oder Edinburgh entfernt), Cairngorms National Park, Lochaber (Heimat des höchsten britischen Berges) und Wester Ross (an der nordwestlichen Küste gelegen).

Das Buch richtet sich weder an ambitionierte Bergsteiger noch an Spaziergänger, die einfache Ausflüge suchen, sondern ist für Wanderer gedacht, die sowohl Bergbesteigungen als auch abwechslungsreiche Tal- und Passtouren schätzen und sich sicher im Gelände bewegen können. Zwar liegt der Schwerpunkt der Touren auf dem Naturerlebnis, aber wann immer möglich wurden auch Besuche von historischen und kulturellen Sehenswürdigkeiten integriert.

Wichtig ist die Mischung der vorgestellten Wanderungen. Sie sollen nicht nur bekannte Touren kennenlernen, sondern die Möglichkeit erhalten, auch auf weniger ausgetretenen Pfaden unterwegs zu sein. Neben einer einfacheren, kürzeren Tour wird in jeder der vier Regionen mindestens eine Bergbesteigung, ein Low

Level Track (also eine Tal- oder Passwanderung) sowie eine Zweitages-Streckenwanderung bzw. zwei kombinierbare Touren vorgestellt (Ausnahme Wester Ross). Über die Hälfte der Wanderungen sind Rundtouren und ein Großteil der Touren auch ohne eigenen Pkw machbar.

Danke

Vielen Dank an Grant Cornwallis für schöne Fotos und seine akribische Mühe bei der Übersetzung der gälischen Landschaftsnamen. Außerdem an Anja Vogel, die mich zum Schreiben dieses Buches gebracht hat. Und an meine Mutter, mit der ich diese Touren zu gerne wandern würde.

Reise-Infos

Anreise

Für die Anreise nach Schottland steht Ihnen die gesamte Bandbreite an Verkehrsmitteln zur Verfügung.

Flugzeug

Verschiedene Airlines fliegen direkt von Deutschland, Österreich und der Schweiz die schottischen Flughäfen Edinburgh, Glasgow, Prestwick (südlich von Glasgow) und Aberdeen an. Der Flughafen Inverness ist nur durch Umsteigen erreichbar. Da es regelmäßig neue Angebote und Flugrouten gibt, sollten Sie sich rechtzeitig im Internet informieren. Bei Billigfliegern gilt: je früher, desto günstiger. Wer nicht in der Hauptreisezeit fliegt und Wochenenden meidet, kann günstige Angebote finden.

Auto/Fähre

Für die Anreise mit dem eigenen Wagen gibt es mehrere Fährverbindungen. Von der französischen, belgischen oder holländischen Küste kann man in einer halben Stunde nach Südengland übersetzen. Allerdings hat man von dort noch einen sehr langen Weg nach Schottland vor sich. Um diesen zu vermeiden, bieten sich die Verbindungen von Amsterdam nach Newcaste in Nordengland mit der DFDS Seaways (www.dfdsseaways.co.uk) oder von Rotterdam nach Hull mit P & O Ferries (www.poferries.com) an. Bei allen Fähren gilt: In der Hauptsaison unbedingt rechtzeitig reservieren!

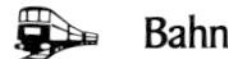

Bahn

Die Anreise mit der Bahn erfolgt über London und ist umständlich, zeitintensiv und teuer. Je nach Startbahnhof dauert die Anreise bis zu 25 Std. Eine preisgünstige Anreise kann sein: Flug nach London und dann mit dem Zug oder Bus weiter bis Glasgow. Von London aus fahren Nachtzüge nach Glasgow, Edinburgh und Aberdeen.

♦ www.scotrail.co.uk (Caledonian Sleeper) und www.gner.co.uk. Es ist günstiger, die Bahnkarten erst in Großbritannien zu kaufen.

Bus

Busverbindungen direkt nach Glasgow bestehen leider nicht mehr. Sie können aber aus vielen deutschen Städten nach London und von dort dann weiter mit britischen Bussen Richtung Schottland fahren.

♦ www.deutsche-touring.com, www.nationalexpress.com

Standorte und Unterkünfte

Da der Tourismus eine der wichtigsten Einnahmequellen für das Hochland in Schottland darstellt, finden Sie in fast jedem kleinen Highlanddorf Unterkünfte.

Allerdings ist die Auswahl oft nicht groß und in der Hochsaison sind beliebte Orte hoffnungslos ausgebucht. Deshalb ist es empfehlenswert, in den Hauptreisemonaten Juli/August Unterkünfte im Voraus zu reservieren.

Neben Hotels und Gästehäusern können Sie vor allem B&Bs (Bed & Breakfasts) – Privathäuser, die einzelne Zimmer vermieten – nutzen. Außerdem gibt es ein gutes Angebot an Jugendherbergen (Youth Hostels), die besonders für Backpacker, Wanderer, Familien und Alleinreisende geeignet sind. Neben den Unterkünften der Scottish Youth Hostel Association (SYHA) existiert auch eine große Zahl von privaten Herbergen, sogenannten Bunkhouses, Backpackers oder Independent Hostels. Diese sind zum Teil günstiger als die offiziellen Youth Hostels und haben Regeln wie die Sperrstunde und getrennte Schlafsäle abgeschafft. In Schottland gibt es zudem viele schöne Campingplätze und Caravan Parks.

♦ www.syha.org.uk, www.hihostels.com oder www.hostel-scotland.co.uk

♦ www.scottishcamping.com

Alle vier Wanderregionen in diesem Buch verfügen über die notwendige touristische Infrastruktur.

Trossachs: Empfehlenswert sind als Standorte für die Wanderungen in diesem Buch die Dörfer Killin und Callander – vor allem, wenn Sie mit öffentlichen Verkehrsmitteln unterwegs sind. Verfügen Sie über einen Pkw, können Sie Ihren Radius erweitern und auch auf abgelegenere Unterkünfte zurückgreifen. Allerdings sollten Sie die Fahrstrecken in der Region nicht unterschätzen. Sowohl Killin als auch Callander bieten als Touristenzentren neben mehreren Restaurants auch verschiedene Einkaufs- und Unterkunftsmöglichkeiten. Allerdings verfügt lediglich der Ort Callander über ein Bunkhouse (💻 callanderyouthproject.co.uk/hostel/).

Cairngorms: Aviemore ist das Touristenzentrum in den Cairngorms und hat daher das größte Dienstleistungsangebot. Allerdings kann man sehr gut auf andere Ortschaften in der Region ausweichen, sollte man ruhigere Alternativen wünschen, selbst ohne eigenen Pkw. So bietet Glenmore neben einer SYHA-Jugendherberge und einem Campingplatz einen kleinen Laden mit Bar und Café. In der Glenmore Lodge, einem Outdoor-Trainingszentrum, gibt es zudem teurere und gepflegtere B&B-Unterkunftsmöglichkeiten (💻 www.glenmorelodge.org.uk).

Lochaber: Für die Wanderungen in diesem Buch eignen sich besonders die Standorte Fort William und Kinlochleven. Beide sind gut mit öffentlichen Verkehrsmitteln zu erreichen. Während auch Kinlochleven über das gesamte Unterkunftsangebot verfügt (neben der ehemaligen Aluminiumfabrik befindet sich auch ein Bunkhouse mit Campingmöglichkeiten und mehreren Holzwigwams, 💻 www.blackwaterhostel.co.uk), sind die Einkaufs- und Einkehrmöglichkeiten dort aufgrund der bescheideneren Größe weitaus eingeschränkter als in der „Outdoor Capital of the Highlands" Fort William.

Wester Ross: Dieses Wandergebiet ist sehr großflächig und beheimatet einige der abgelegensten und anspruchsvollsten Gipfel Schottlands. Für das Wanderbuch habe ich mich auf die Region um Gairloch und Kinlochewe konzentriert. Beide Orte stellen gute Ausgangspunkte dar und sind per Bus erreichbar. Kinlochewe verfügt über einen Laden, einen schönen Tearoom (Restaurant) sowie ein Hotel mit Bunkhouse (💻 www.kinlochewehotel.co.uk). Das Angebot in Gairloch ist umfangreicher, die Entfernungen zwischen den einzelnen Ortsteilen jedoch auch entsprechend größer. Wanderer können sich in drei Lebensmittelgeschäften versorgen, es gibt zwei Campingplätze, eine Reihe von B&Bs und die wunderbar gelegene SYHA-Jugendherberge Carn Dearg am Nordende des Ortes. Unweit des Hafens bietet das Old Inn nicht nur leckere Mahlzeiten und im Sommer regelmäßig Livemusik, sondern lädt auch zur Übernachtung ein (💻 www.theoldinn.net).

Verkehrsmittel

Alle Wandergebiete sind mit öffentlichen Verkehrsmitteln erreichbar – die Trossachs und Wester Ross per Bus, Lochaber und Cairngorms per Bus und Bahn. Vor Ort bringen Sie lokale Busunternehmen an die meisten Ausgangs-/Endpunkte der einzelnen Wanderungen. Allerdings müssen Sie sich vor Ort genau über die Fahrpläne und neue Verkehrsmöglichkeiten erkundigen, da es immer wieder zu Änderungen und Umstellungen kommt. Besonders in Wester Ross und den Trossachs wird es notwendig sein, gelegentlich auf lokale Taxidienste zurückzugreifen.

Reisen mit der Bahn ist landschaftlich sehr reizvoll und beschaulich. Allerdings existieren nördlich des schottischen Zentralgürtels nur wenige Routen. Von den Standorten dieses Buches sind Aviemore und Fort William an das Schienennetz angeschlossen. Wenn Sie längerfristig vorab online buchen, können Sie oft sehr günstig reisen.

💻 www.scotrail.co.uk

Busse sind das billigste und flächendeckendste Transportmittel. Fast jeder kleine Ort wird angefahren. Viele Strecken werden von kleinen lokalen Busunternehmen betrieben. Die Busfahrer sind sehr hilfsbereit und oft ist es auf höfliche Nachfrage möglich, auch zwischen den einzelnen Stationen auszusteigen.

Überlandbusse:

- ▷ Citylink (💻 www.citylink.co.uk)
- ▷ Megabus (💻 www.megabus.com)

Lokalbusse:

- ▷ Trossachs: Kingshouse Travel (💻 www.kingshousetravel.com), First Scotland East (💻 www.firstgroup.com/south-east-and-central-scotland)
- ▷ Cairngorms: Stagecoach (💻 www.stagecoachbus.com)
- ▷ Lochaber: Stagecoach (💻 www.stagecoachbus.com), Shiel Buses (💻 www.shielbuses.co.uk), West Coast Motors (💻 www.westcoastmotors.co.uk)

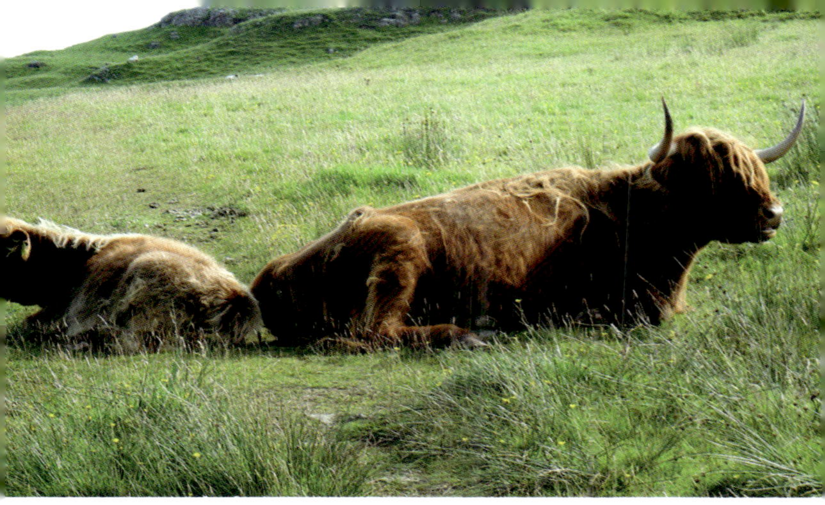

Highland Cattle: Mutter und Kind

▷ Wester Ross: Westerbus Gairloch (☏ 014 45/71 22 55), Lochcarron Garage (💻 www.lochcarrongarage.co.uk)

☺ Aktuelle Fahrpläne, Preise, Verbindungen mit Zug, Bus, Postbus und Fähre finden Sie im Internet unter: 💻 www.travelinescotland.com, ☏ 08 71/200 22 33.

Telefon

Ländervorwahl nach Schottland ist 00 44, dann folgt die Telefonnummer mit Vorwahl, die erste 0 wird weggelassen.

Wanderinfrastruktur

Schottland stellt für Wanderer, die gut präparierte Wege und Markierungen gewöhnt sind, eine Herausforderung dar. Viele der Wanderwege sind lediglich Trampelpfade von Jägern, Farmern und Bergsteigern, die durch die Heidemoor- und Felslandschaft führen. Eine Reihe von Wanderungen verläuft auf historischen Militär- und Viehtreiberstrecken. Oftmals bewegen Sie sich auch auf Wegen, die als Fuhr- und Versorgungsstraßen benutzt werden (Tracks). Tracks sind immer zweispurig und können asphaltiert sein.

Nur wenige Wege werden regelmäßig kontrolliert und instand gehalten; lediglich gemeinnützige Organisationen wie der John Muir Trust, der National Trust und die Scottish Rights of Way and Access Society sowie einige Landbesitzer und Gemeinden bemühen sich, einen Teil der *hill tracks* zu pflegen. Aufgrund der sauren Bodenbeschaffenheit (durch Überweidung, landschaftlichen Missbrauch und Entvölkerung verstärkt) und der üppigen Niederschläge müssen Wanderer in Schottland darauf gefasst sein, selbst bei trockenem Wetter nasse und schmutzige Schuhe zu bekommen. Trittsicherheit ist nicht nur bei felsigen Steigen in den Bergen, sondern auch in Moorlandschaften erforderlich.

Durchgehende Markierungen existieren in Schottland bis auf wenige Ausnahmen nicht. Lediglich bekannte Fernwanderwege wie der West Highland Way und Wanderstrecken zur Unterstützung des lokalen Tourismus bieten dem Gast Orientierung, meist in Form von Holzpfosten. Vereinzelt weisen die grünen Schilder der Scottish Right of Way and Access Society am Beginn einzelner Wanderungen in die korrekte Richtung. Aufgrund der mangelnden Beschilderung und Wegmarkierung sind gutes Kartenmaterial und Navigationsgeschick für jeden Schottlandwanderer unerlässlich. Dies gilt auch, wenn Sie mit einem GPS-Gerät unterwegs sind.

Wandern mit Hund und Buggy

Schottland ist ein wunderbares Wandergebiet für Reisen mit Vierbeinern. Seit die Quarantäne 2004 abgeschafft wurde, ist es recht einfach, mit Hunden nach Großbritannien einzureisen. Die Tiere müssen allerdings einen Mikrochip tragen und Sie müssen Nachweise über Tollwutimpfung und Bandwurmbehandlung mitführen.

Weitere Infos dazu gibt es auch bei der britischen Botschaft (leider nur auf Englisch).

www.gov.uk/take-pet-abroad

Der Zugang zu den „Great Outdoors“ ist in Schottland äußerst großzügig geregelt (☞ Access Code S. 36). Grundsätzlich können sich Wanderer mit ihren Tieren frei im Gelände bewegen. Allerdings spielen die Tierhaltung (vor allem die Haltung von Schafen) und die Jagd wirtschaftlich eine nicht unerhebliche Rolle für das Land und müssen in jedem Fall respektiert werden. Auf vielen Wanderwegen müssen Hunde wegen der Schaf- und Rinderzucht an die Leine. Während der Lammsaison von Mitte April bis Ende Mai sind die Jungtiere besonders empfindlich und Wege können eventuell stärker reglementiert sein. Seien Sie während dieser Zeit bitte besonders rücksichtsvoll. Bleiben Sie auf den Wegen und beachten Sie die Regelungen des Landbesitzers. Missachten Sie keinesfalls die Sperrung bestimmter Gebiete!

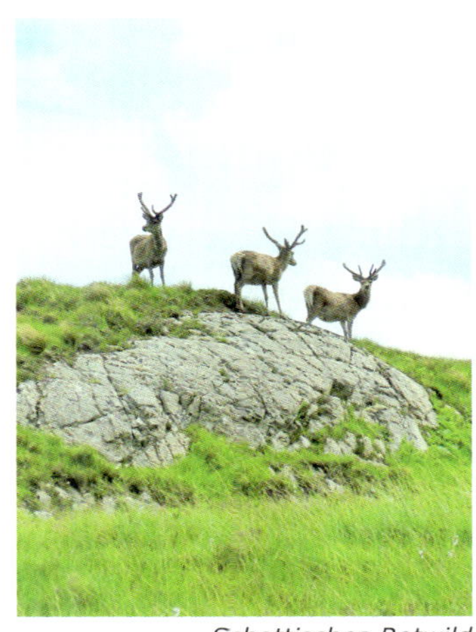

Schottisches Rotwild

Auch in der Jagdsaison (Juli bis Oktober) sollten Wanderer achtsam sein, um bei der Pirsch nicht zu stören. Oft informieren Landgüter am Eingang über entsprechende Aktivitäten.

☺ Für bestimmte Jagdgebiete gibt es sogenannte *hill phones*, dort können Sie erfahren, ob in dem von Ihnen ausgewählten Gebiet gerade gejagt wird. Infos dazu gibt es bei den Tourist-Informationen und auf der Website 💻 www.snh.org.uk.

Bei manchen Touren müssen Sie Ihrem Hund unter Umständen an Zaunübertritten helfen.

Die wichtigste Regel ist, die Tiere jederzeit unter Kontrolle halten zu können und negative Effekte auf die Flora und Fauna zu vermeiden.

Wie im Abschnitt Wanderinfrastruktur geschildert, ist die Beschaffenheit der Wanderwege für viele ausländische Gäste überraschend und stellt eine Herausforderung dar. Dies gilt in besonderem Maße für Familien, die mit kleinen Kindern unterwegs sind und einen Buggy benutzen wollen. Leider muss gesagt werden, dass dies nur selten möglich ist und wenn dann nur mit Mühe und geländetauglichem Kinderwagen. Aufgrund der Bodenbeschaffenheit können selbst einfache und „zivilisationsnahe“ Pfade unerwartete Sumpflöcher und Wurzeln aufweisen, die für Buggys schwer zu bewältigen sind. Wanderfreudige britische Familien mit kleinen Kindern (und davon gibt es eine große Zahl) sind meist mit einer Wandertrage unterwegs, um den Herausforderungen der Wegstrecken begegnen zu können. Wann immer möglich, wird in diesem Buch aber zumindest auf Teilstrecken verwiesen, auf denen die Nutzung von Buggys möglich ist. Ansonsten sind auch folgende Websites hilfreich:

- www.walkswithbuggies.com
- www.babyroutes.co.uk/national-park-roaming-wheels

Klima & Reisezeit

Das einzig verlässliche Merkmal des schottischen Wetters ist seine ausgesprochene Wechselhaftigkeit. Aufgrund der geringen Landmasse und komplexer Windbewegungen kann sich kaum eine stabile Wetterlage bilden und jeder Wanderer im Norden der Britischen Inseln muss deshalb auf eine Vielzahl von Wetterlagen – innerhalb eines Tages – vorbereitet sein.

Nichtsdestotrotz lassen sich einige Faustregeln fürs Wetter aufstellen:

▷ **Im Westen ist es feucht und mild, im Osten kühl und trocken**. In Schottland herrscht ozeanisches Klima mit starken Westwinden. Die feuchten Luftmassen regnen sich verstärkt im Westen ab (Niederschlagsmengen bis zu 4.000 mm pro Jahr). Dafür beschert der Golfstrom der Westküste mildere Temperaturen, meist ohne Kälte- und Hitzeextreme. Die durchschnittliche Sommertemperatur liegt bei 18 Grad. Der Great Glen stellt gewissermaßen die Wetterscheide zwischen Ost und West dar.

▷ **Die regenärmsten Monate sind Mai und Juni**. Im Juli und August kann dagegen wieder verstärkt Niederschlag eintreten. Diese Monate sind auch wegen der schottischen Urlaubssaison und der Midges (☞ S. 49) nicht die beste Wanderzeit. Die Monate Mai und Juni weisen die längsten Tage des Jahres auf – ein Genuss für Outdoorenthusiasten. Im Gegenzug muss der Tag-/Nachtwechsel in späteren Jahreszeiten (ab Ende September) entsprechend mit in die Planung einbezogen werden.

▷ **Schnee kann in den Bergen zu jeder Jahreszeit fallen**, hauptsächlich natürlich in den Wintermonaten. Meist gibt es jedoch in den Tieflagen kaum dauerhaft Schnee – allerdings herrscht auch in diesem Punkt ein starkes Ost-West-Gefälle. Ab Oktober müssen Sie mit starken Stürmen rechnen, die auch lange anhalten können.

☺ Schließlich: Alle Wanderungen können bei entsprechender Erfahrung und Ausrüstung auch im Winter gemacht werden. Allerdings kann der Wasserstand der Flüsse und Bäche hoch sein. Viele Unterkünfte sind geschlossen.

Karten und GPS

Schottland ist sehr gut vermessen. Das Vermessungsamt Ordnance Survey (O.S.) gibt hervorragende Karten des gesamten Landes heraus. Bestens geeignet für Ihre Bedürfnisse ist die Landranger-Serie im Maßstab 1:50.000. Wer es detaillierter liebt, nimmt die Karten der Explorer-Serie (Maßstab 1:25.000). Inzwischen gibt es für beliebte Wanderregionen auch gute Karten von anderen Herstellern wie Harvey sowie lokal herausgegebenes Kartenmaterial.

Die gezeichneten Karten in diesem Buch reichen in den meisten Fällen nur für eine grobe Orientierung im Gelände. Sie sollten sich daher zusätzlich Wanderkarten der entsprechenden Regionen besorgen.

Die O.S.- und Harvey-Karten sind vor Ort erhältlich – in Buchhandlungen, örtlichen Läden, Outdoor-Shops und Touristenbüros. In Deutschland kann man sie in gut sortierten geografischen Buchhandlungen bekommen oder übers Internet beziehen, z. B. bei der Geobuchhandlung Kiel (💻 www.geobuchhandlung.de). Es lohnt sich jedoch, vor Ort zu vergleichen und zu sehen, welcher Maßstab und welches Material Ihnen am besten entsprechen.

Obwohl die schottischen Karten sehr genau sind, kann es passieren, dass eine eingezeichnete Brücke oder ein Pfad nicht oder nicht mehr vorhanden ist. Wenn Sie den empfohlenen Routen folgen, sollte Ihnen dergleichen jedoch nicht passieren.

Für die Wanderungen in diesem Buch können Sie auf folgende Kartenauswahl zurückgreifen.

Standort Trossachs:

▷ Ordnance Survey Maßstab 1:50.000: 57 (Tour 1, 2, 3, erster Teil von Tour 5) und 51 (Tour 4, zweiter Teil von Tour 5)

▷ Ordnance Survey Maßstab 1:25.000: OL 46 (Tour 1, 2, 3, erster Teil von Tour 5) und OL 48 (Tour 4, zweiter Teil von Tour 5)

▷ Harvey Superwalker Maßstab 1:25.000: Southern Highlands (Tour 1, 2, 3, 5), Ben Lawers (Tour 4)

Standort Cairngorms:

▷ Ordnance Survey Maßstab 1:50.000: 36 (Tour 1, 2, 3, 4, 5)

▷ Ordnance Survey Maßstab 1:25.000: OL 57 (Tour 1 teilweise, 2, 3, 4, 5)

▷ Harvey Superwalker Maßstab 1:25.000: Cairn Gorm (Tour 2 und 4 teilweise, 5)

Standort Lochaber:

- ▷ Ordnance Survey Maßstab 1:50.000: 41 (Tour 1, 2, 3, 4, erste Hälfte von Tour 5), 42 (letztes Stück von Tour 5)
- ▷ Ordnance Survey Maßstab 1:25.000: 392 (Tour 1, 2, 3, 4, erstes Teilstück von Tour 5), 385 (Tour 5 größtenteils)
- ▷ Harvey Superwalker Maßstab 1:25.000: Ben Nevis (Tour 1, 2, 3, 4, erstes Teilstück von Tour 5)

Standort Wester Ross:

- ▷ Ordnance Survey Maßstab 1:50.000: 19 (Tour 1, 2, 3, 4, 5, 6), 25 (Tour 7)
- ▷ Ordnance Survey Maßstab 1:25.000: 434 (Tour 2, 3)
- ▷ Harvey British Mountain Map Maßstab 1:40.000: Torridon & Fisherfield (Tour 2, 3, 4, 5, 6)

Die GPS-Tracks zu den beschriebenen Wegen können Sie unter dem folgenden Link herunterladen:

💻 http://gps.conrad-stein-verlag.de/365SchottischeHighlands01dd98.zip.

Wenn Sie diese URL in Ihrem Internetbrowser eingegeben haben (bitte auf Groß- und Kleinschreibung achten), öffnet sich entweder ein Downloadfenster oder es startet direkt ein Download. Ist Letzteres der Fall, finden Sie die GPS-Tracks (als ZIP-Datei) kurz darauf in Ihrem Download-Ordner. Mit einem Programm wie Winzip können Sie die Datei ganz einfach entpacken.

Updates

Der Conrad Stein Verlag veröffentlicht Updates zu diesem Buch, die direkt von der Autorin oder von Lesern stammen. Bitte suchen Sie vor Ihrer Abreise auf der Verlags-Homepage 💻 www.conrad-stein-verlag.de diesen Titel. Unter dem Link „mehr lesen" finden Sie alle wichtigen Informationen. Der links abgebildete QR-Code führt Sie direkt zu der richtigen Seite.

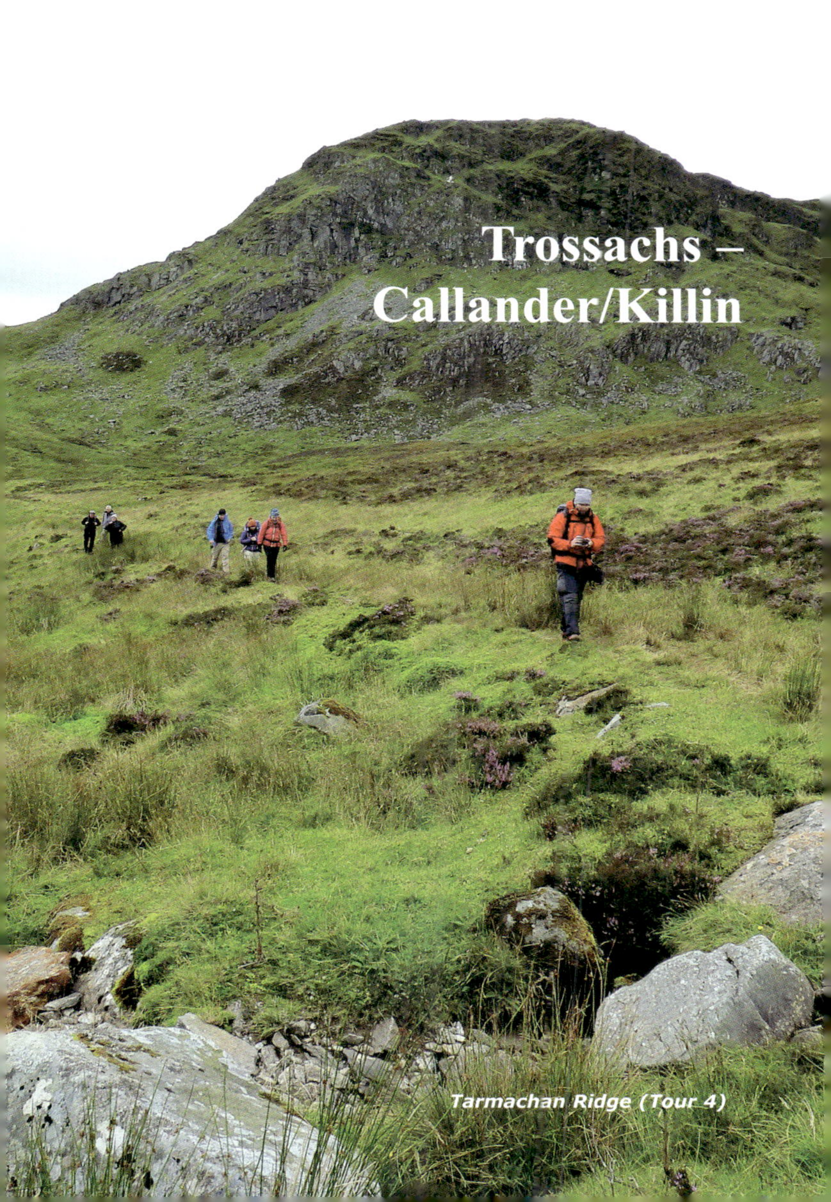
Trossachs –
Callander/Killin
Tarmachan Ridge (Tour 4)

Nur eine Autostunde nördlich von Glasgow erstrecken sich die Trossachs – eine Heidehügel- und Seenlandschaft am Rande der Highlands, die schon viele romantische Dichter und Maler ins Schwärmen geraten ließ. Die als „Highlands in Miniature" bekannte Region umfasste ursprünglich das kleine, bewaldete Tal zwischen Loch Achray und Loch Katrine, heute bezeichnet der Name aber das viel größere Gebiet zwischen Callander, Aberfoyle und Loch Lomond. Es ist Teil von Schottlands erstem Nationalpark (Loch Lomond and The Trossachs National Park) und gilt dank der Erzählungen von Sir Walter Scott als Wiege des Schottlandtourismus. Der Name kommt aus dem Gälischen und bedeutet „struppiges, raues Land". Die Trossachs sind ein beliebtes Wandergebiet und bieten durch die die gute touristische Infrastruktur eine ausgezeichnete Einstiegsmöglichkeit für Wanderungen in den Highlands.

Lochlandschaft in den Trossachs

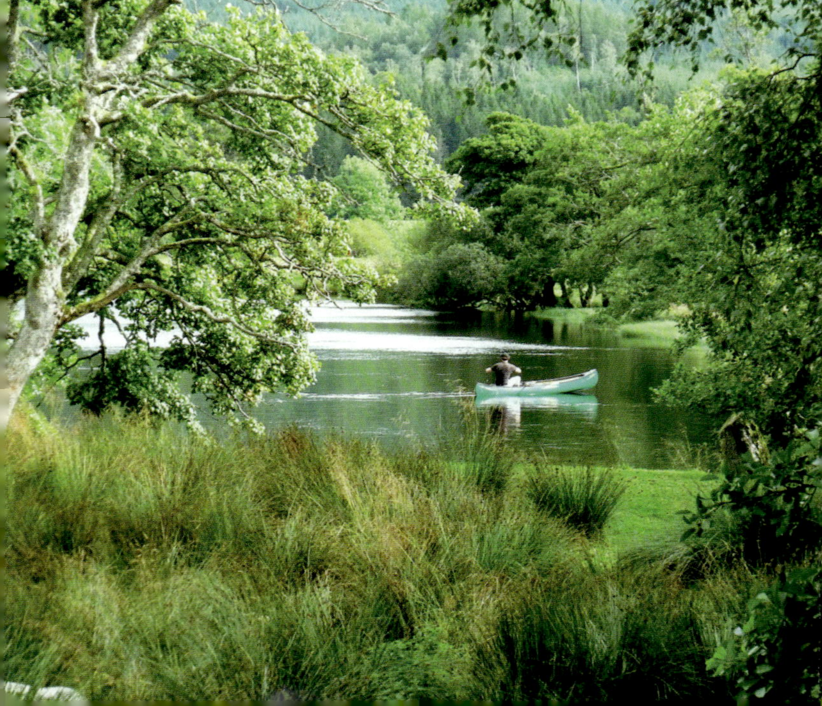

1 Felslandschaft und Wasserfälle – Rundweg oberhalb von Callander

Tour für Geologieliebhaber und Familien

Diese vielseitige Rundtour bietet einen Einblick in die interessante Geologie rund um das nette Örtchen Callander. Sie führt zunächst durch Mischwald steil aufwärts zu den Callander Crags, einer bewachsenen Felswand mit schönen Ausblicken auf die Berge der Grampians und die sanften Hügel des Südens. Nach einem stellenweise rutschigen Abstieg verläuft die Wanderung auf guten Wegen entlang des Keltie Burn bis zu den beliebten und attraktiven Bracklinn Falls, an denen das rauschende Wasser interessante Formationen in den Sandstein gegraben hat.

Start/Ziel: Ortszentrum Callander, Ancaster Square, GPS N 56°14.625' W 004°12.882'

8,2 km. Es besteht die Möglichkeit, lediglich die Callander Crags zu besuchen (4 km) oder direkt die Bracklinn Falls vom Parkplatz oberhalb von Callander aus anzusteuern (2 km).

3 Std. bis 3 Std. 30 Min.

345 m/345 m, An- und Abstiege sind recht steil und rutschig.

73-340 m

keine durchgängige Markierung, gelegentlich Holzpfosten mit Farbmarkierungen (rot und violett)

zahlreiche Einkehrmöglichkeiten in Callander

Picknickbank am Waldrand zwischen Crags und Wasserfällen (ca. km 4,5)

großer Supermarkt und viele Läden in Callander

WC öffentliche Toiletten in Callander (am Station-Road-Parkplatz)

Interessant für Kinder sind vor allem die Wasserfälle und die Aussichtspunkte an den Crags. Achtung allerdings bei dem steilen An- und Abstieg!

Aufgrund des felsigen und feuchten Untergrundes ist der Weg nicht für Buggys geeignet. Es ist jedoch möglich, die Wasserfälle vom Parkplatz an der Bracklinn Road aus direkt mit einem geländetauglichen Buggy anzuwandern.

Hunde müssen im Ort an der Leine gehalten werden.

P gebührenpflichtiger Parkplatz im Ortszentrum von Callander

Callander hat nationale Busanschlüsse (Citylink 913 – Edinburgh/Fort William, 973 – Dundee/Oban, 978 – Edinburgh/Oban). Zwischen Callander und Killin verkehrt zudem der lokale Bus C60 von Kingshouse Travel. Die nächste Bushaltestelle liegt am Ancaster Square.

Sie starten diese Tour im Herzen der Ortschaft Callander, die aufgrund ihrer Geografie oft als „Tor zu den Highlands“ bezeichnet wird.

Callander Information Centre, 52-54 Main Street, ☏ 018 77/33 03 42

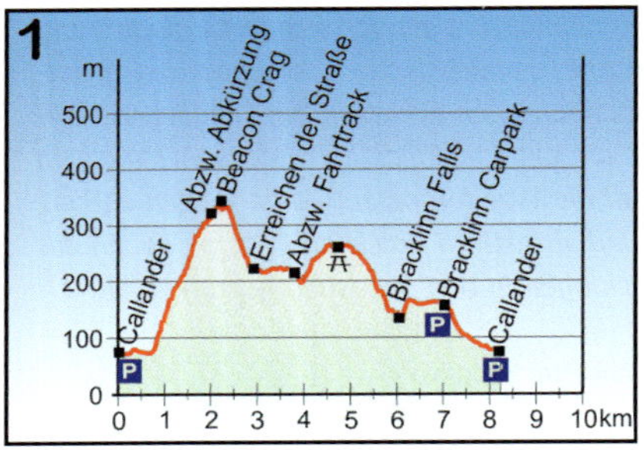

Vom zentralen Platz – dem Ancaster Square – laufen Sie in westliche Richtung die Main Street entlang. Nach knapp 200 m biegen Sie rechts in die Station Road ein und erreichen gleich darauf einen großen Parkplatz. Am hinteren Ende stoßen Sie auf einen kleinen Weg, den Sie nach links – parallel zur Hauptstraße – entlangwandern. Sie erreichen nach etwa 500 m eine kleine Straße (Tulipan Crescent) und gehen hier nach links. Nachdem Sie rechter Hand einen kleinen Asphaltweg passiert haben, weist ein Holzschild nach rechts zum Waldrand. Dort haben Sie den Wandereinstieg erreicht und mehrere Hinweisschilder informieren Sie über die lokalen Wandermöglichkeiten.

Ihr Weg zu den Callander Crags führt Sie nun links aufwärts in den Wald. Sie folgen einer Reihe von Kurven durch einen Mischwald aus Eichen, Kastanien, Buchen und Nadelbäumen. Ein großer Sturm hat hier allerdings im Winter 2013 den Waldhang regelrecht verwüstet und die Forstverwaltung ist noch immer damit beschäftigt, die zahllosen Schäden zu beseitigen.

Sie gewinnen stets an Höhe und Ihr Pfad wird etwas rauer. Dann erreichen Sie den Waldrand und können weit auf das fantastische Panorama der Trossachs blicken. Ihr Weg führt nun oberhalb der Felswand entlang. Sie sehen bald das Örtchen Callander und in der Ferne die Ochill-Berge.

Callander liegt nahe der geologischen Grenze zwischen den Highlands und den Lowlands. Quer durch Schottland führt eine Verwerfungslinie, die Gesteinsformationen unterschiedlicher geologischer Epochen trennt – 600 Millionen Jahre alten metamorphen Fels aus dem Präkambrium und 410 Millionen Jahre altes Sediment- und Vulkangestein aus dem Devon. Diese sogenannte Highland Boundary Line verläuft von der Insel Arran an der Westküste (etwas nördlich von Glasgow) bis Stonehaven im Osten (südlich von Aberdeen). Bei Callander können

Sie diesen topografischen Wechsel deutlich sehen. Nördlich des Ortes blicken Sie auf die steilen Berge der Trossachs und Grampians und im Süden auf die sanfteren Hügel der Central Lowlands. Direkt um den Ort finden sich Gesteine aus beiden Epochen, die den Geologen Hinweise darauf lieferten, dass Schottland – im Gegensatz zu England und Wales – einst Teil der Laurentia-Platte war und enge geologische Verbindungen zu Teilen Skandinaviens und Nordamerikas aufweist.

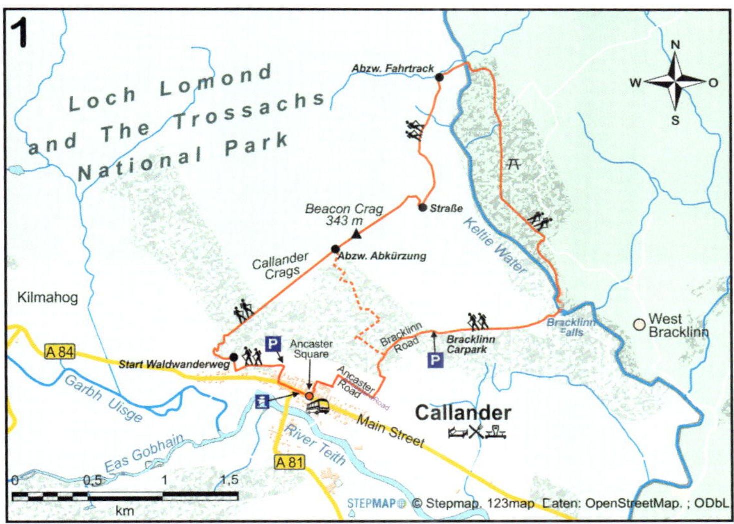

Nach gut 2 km erreichen Sie bei einer kleinen Brücke einen Abzweig, der auf direktem Weg wieder abwärts zum Ausgangspunkt führt. Sie gehen jedoch weiterhin geradeaus und gelangen bald an den höchsten Punkt Ihrer Wanderung – Beacon Crag (⇧ 343 m). Verweilen Sie einen Augenblick an der Steinpyramide, die anlässlich des diamantenen Kronjubiläums von Queen Victoria errichtet wurde, und genießen Sie die Blicke auf Loch Venachar und den markanten Berg Ben Ledi.

Der Pfad führt Sie bald darauf abwärts, wird feuchter, unwegsamer und undeutlicher. Achten Sie auf rutschige Felsen und Wurzeln.

Nach insgesamt fast 3 km Wegstrecke erreichen Sie eine kleine Asphaltstraße, der Sie knapp 1 km nach links folgen. Wenn Sie linker Hand das Ende eines

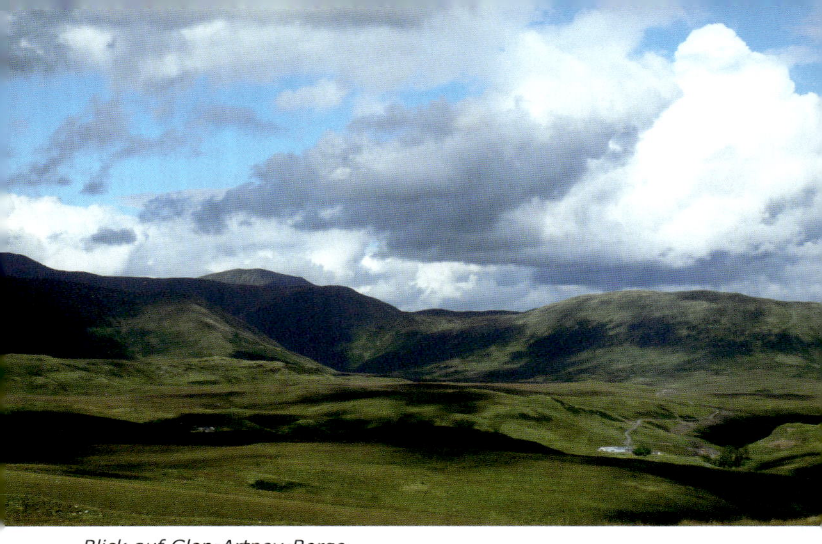

Blick auf Glen-Artney-Berge

Zaunes erblicken, biegen Sie an der Holztafel rechts auf einen breiten Track ab. Sie überqueren die rauschenden Keltie Water und steigen anschließend Richtung Waldrand aufwärts. Hier laden Picknickbänke zu einer Rast ein.

Ihr bequemer Fahrtrack führt Sie schließlich wieder abwärts an die Ufer des Baches (zwei geradeaus weisende breite Wege ignorieren Sie) und Sie erreichen die eindrucksvollen Bracklinn Falls. Der Name stammt aus dem Gälischen: *breac* – gefleckt, gemasert, *linn* – Wasserbecken.

Erforschen Sie das rauschende Wasser und die Sandsteinformationen unterhalb der Brücke, die schon Sir Walter Scott so beeindruckten, dass er sie in seiner Geschichte „Lady of the Lake" verewigte. Die schöne Holzbrücke – im Jahr 2010 errichtet – ersetzt übrigens ein gusseisernes Vorgängerbauwerk von 1876, das mit einer Reihe weiterer Brücken in der Region den außergewöhnlichen Regenfällen 2004 zum Opfer fiel.

Ihr Rückweg führt Sie auf der anderen Flussseite zunächst kurz aufwärts und Sie erreichen bald den Bracklinn Carpark. Das letzte Stück wandern Sie nun stets abwärts – Abzweigungen nach rechts und links ignorierend –, bis Sie Ancaster Road erreichen. Hier biegen Sie nach rechts ein und bei der nächsten Gelegenheit wieder links (Fußweg). Sie erreichen Glenartney Road und gleich darauf Ihren Ausgangspunkt.

❷ Durchs Glen Ample an den Loch Earn

WC

Tour für Naturliebhaber 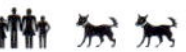

Diese technisch einfache Wanderung führt Sie nach einem anfänglich mühsamen Anstieg durch das hübsche Tal Ample (wahrscheinliche Bedeutung aus dem Gälischen: Tal mit ausgeschabten Kesselbecken im Flussbett). Obwohl stellenweise unattraktive Forstplantagen am Berghang Ihren Weg begleiten, können Sie wunderbare Blicke auf die Gipfel und Seen der Trossachs genießen und entlang des Ample-Baches durch schönen natürlichen Wald wandern. Mehrere Bacharme müssen gefurtet werden, bevor Sie unweit des Edinample Castle auf die Straße am südlichen Ufer des Loch Earn treffen und an dieser entlang gemächlich zu Ihrem Ziel laufen.

→ Start: Parkbucht am Ostufer von Loch Lubnaig (A84), GPS N 56°17.671' W 004°17.464'; Ziel: Bushaltestelle Lochearnhead (A84), GPS N 56°23.151' W 004°17.258'

12,4 km

3 Std. 30 Min. bis 4 Std.

↑↓ 242 m/264 m

⇧ 103-348 m

sporadische Farbmarkierungen

Einkehrmöglichkeit in den Hotels in Lochearnhead

Sitzbänke nahe dem Pass im Glen Ample (ca. km 3)

WC öffentliche Toiletten in Lochearnhead (an der Nordseite des Sees, beim Parkplatz)

keine besonderen Highlights für Kinder

aufgrund matschiger und wurzelreicher Wegbeschaffenheit sowie stellenweise schmaler Pfade für Buggys nicht geeignet

Hunde müssen am Straßenstück angeleint sein.

P Parkmöglichkeit für einzelne Autos in der Parkbucht am Wanderstart, kostenloser Parkplatz in Lochearnhead (unweit Abzweig A85)

keine Busverbindung zum Wanderstart, von der Haltestelle am Ziel regelmäßige Busverbindung nach Callander und Killin (C60 Kingshouse Travel)

Taxis: Callander Taxi, ☏ 017 86/81 81 56; Jim Morgan, ☏ 018 77/33 04 96; Macphail Taxis, ☏ 018 77/33 12 40

Ihre Wanderung beginnt direkt an der Uferstraße des Loch Lubnaig – der A 84 – 8 km nördlich von Callander. Bei der Ardchullarie More Farm befindet sich eine passende Parkbucht. Nach wenigen Metern eines Zufahrtsweges erreichen Sie die Einfahrt zum Anwesen (Richtung Norden). Hier halten Sie sich links und kommen gleich darauf an ein Farmgebäude, an dem Sie ebenfalls links gehen. An einem Gatter stoßen Sie auf ein Hinweisschild „Footpath". Jetzt sind Sie auf dem richtigen Weg.

Sie passieren das Gatter und wandern auf einem kleinen Pfad entlang eines Zaunes durch Mischwald und Forstplantagen steil aufwärts. Wenn das Ende der Umzäunung erreicht ist, lohnt ein Blick zurück über den Loch Lubnaig (gebogener/fingerförmiger See) und die umliegenden Berge. Ihr Weg kreuzt einen kleinen Bach und führt weiter durch Nadelwald teils geröllig bergan. Nach einem knappen Kilometer (236 m Höhe) gelangen Sie an einen breiteren Forsttrack, dem Sie nach links folgen. Nun können Sie bequemer ausschreiten. Die Baumkronen lichten sich und Sie erreichen kurz darauf ein hohes Holzgatter, an dem ein Schild ins Glen Ample weist.

Das Ende des Waldes und Ihres Anstieges ist nun nicht mehr weit. Der Weg flacht ab, die Landschaft öffnet sich und Sie können über das Strathyre-Tal auf den Bergrücken des Creag Mhòr (großer Felsen) blicken.

Der Loch Lomond & The Trossachs National Park ist einer von nur zwei Nationalparks in Schottland und wurde 2002 eröffnet. Er ist gut 1.800 km² groß und beherbergt zahlreiche Seen, raue Berghöhen (21 Munros und 19 Corbetts) und viel natürlichen Laubwald. 15.000 Menschen leben innerhalb der Parkgrenzen. Fast die Hälfte der Bevölkerung Schottlands (5,3 Mio.) wohnt nur maximal eine Stunde vom Nationalpark entfernt.

Das Herz des Parks bilden die beliebte Wanderregion Trossachs und der größte Süßwassersee im Lande. Die „Bonnie Banks of Loch Lomond", die „schönen Ufer des Loch Lomond", haben schon viele Dichter, Geschichtenschreiber und Liedermacher inspiriert. Die Trossachs waren einst die Heimat des Nationalhelden Rob Roy MacGregor.

Anders als bei anderen Ländern liegt in Großbritannien das Augenmerk bei Nationalparks nicht ausschließlich auf dem Naturschutz, sondern auf der Balance zwischen Schutzmaßnahmen, land- und forstwirtschaftlichen Interessen und touristischen Schwerpunkten. Dies stellt eine große Herausforderung dar und kann zu Konflikten und schwierigen Kompromissen führen.

www.lochlomond-trossachs.org

Ihr breiter Track führt auf einen Sattel zu, der zu einer Pause und genüsslichen Blicken einlädt. Sie wandern weiter gemütlich abwärts und gelangen nach gut 4 km an einen Zaundurchlass, an dem ein Holzpflock mit verschiedenen Farbmarkierungen steht. Rechts und links von Ihnen befinden sich nun wieder Forstplantagen und der Track führt Sie in einer Rechtsschleife über den Bach Allt Coire Chroisg (Bach des Kars der Kreuzung) – einen Seitenarm des Ample Burn, dem Sie die letzten Kilometer gefolgt sind. Rechter Hand können Sie eine Einzäunung für Tiere erkennen und dahinter gelangen Sie an eine Gabelung. Hier laufen Sie auf dem linken Haupttrack weiter.

Erneut ändert sich die Landschaft. Laubbäume lockern nun das Bild auf und nach gut 7 km erreichen Sie ein Metallgatter. Halten Sie sich hinter diesem links. Ihr Track wird nun grasig und feucht

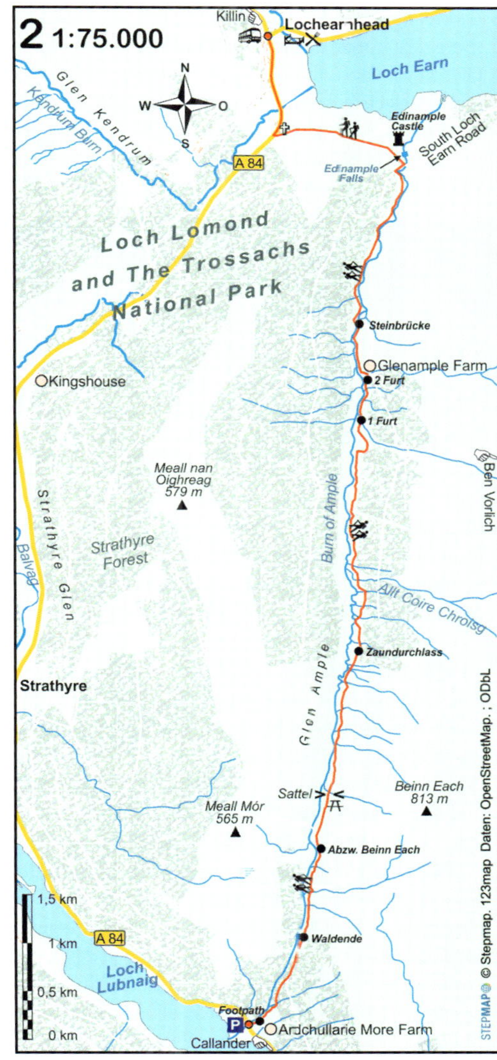

und rechter Hand blicken Sie auf die Flanken des konischen Munros Ben Vorlich (Berg des großen flachen Felsvorsprungs). Bald darauf sehen Sie die Gebäude der Glenample Farm. Ihr Weg führt Sie durch zwei Furten, die bei normalem Wasserstand einfach gekreuzt werden können. Direkt vor dem Anwesen führt Sie ein Hinweisschild „Public Footpath" direkt zum Flussufer, an dem bis vor einigen Jahren eine Brücke über das Wasser führte. Leider wurde diese weggespült und der Weg führt nun am feuchten, aber idyllischen Ostufer des Ample Burn entlang.

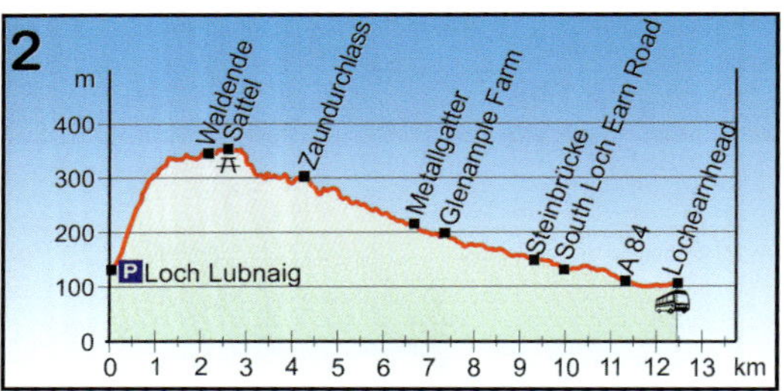

Sie gelangen schließlich an eine Steinbrücke, die Sie überqueren. Dahinter befindet sich der Eingang zum Glen Ample Estate. Sie folgen jedoch der Schotterstraße in nördliche Richtung immer am Fluss entlang. Nachdem Sie ein renoviertes Haus passiert haben, stoßen Sie auf eine Weggabelung – halten Sie sich hier rechts. Kurz darauf gelangen Sie an die Asphaltstraße, die am Südufer des Loch Earn entlangführt. Auf der gegenüberliegenden Seeseite erblicken Sie das Örtchen Lochearnhead und in Ufernähe Edinample Castle.

Edinample Castle am südlichen Ufer von Loch Earn ist ein schönes Beispiel eines sogenannten *tower house*. Turmhäuser wurden in oft strategisch wichtigen Positionen als meist schmale, mehrstöckige Gebäude errichtet. Sie boten Wohnraum für eine üblicherweise aristokratische Familie und garantierten gute Schutz- und Kontrollmöglichkeiten. Die Häuser enstanden zwischen dem 14. und 17. Jh. und waren meist von einer starken Maueranlage umgeben, die den Turm sowie zahlreiche einfache Hütten der Bediensteten umfasste.

Die Burg von Edinample wurde vom berüchtigten „Black" Duncan Campbell von Glenorchy im 16. Jh. gebaut. Sein Clan hatte das Land annektiert, nachdem die ortsansässigen MacGregors in königliche Ungnade gefallen, geächtet und vertrieben worden waren. Die Anlage wurde in den folgenden Jahrhunderten zweimal erweitert, war jedoch gegen Ende des 20. Jh. verfallen. Glücklicherweise glänzt das Tower House heute wieder in alter Schönheit. Es fand einen neuen Besitzer, wurde renoviert und wird heute als privates Wohnhaus genutzt.

Wie bei vielen alten Burgen in Schottland ranken sich dunkle Legenden um das Gebäude. So soll der Geist eines zu Tode gestürzten Architekten auf dem Dach spuken. „Black" Duncan hatte ihn in maßloser Wut von demselben gestürzt – aus Ärger über eine fehlende Brüstung. Auch geht die Geschichte um, dass seit der skrupellosen Verwendung von Grabsteinen als Baumaterial ein Hexenfluch auf Burg und Bewohnern lastet.

Edinample Castle

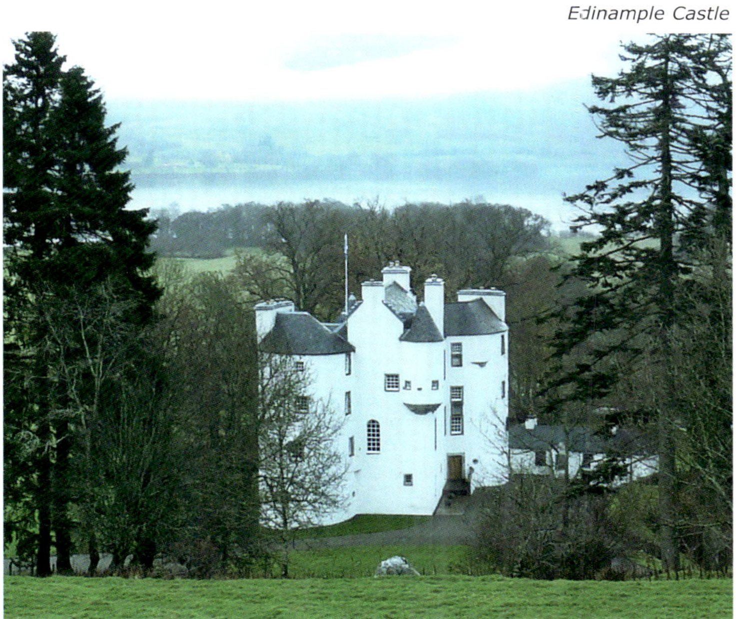

Sie folgen dem Sträßchen in westliche Richtung (links) und gelangen bei der Kirche an die zweispurige A84. Hier geht es nach rechts und dann haben Sie nach wenigen Hundert Metern Ihr Ziel erreicht – die Bushaltestelle von Lochearnhead.

🛏 ✕ Lochearnhead Hotel, Lochside, Lochearnhead, Perthshire FK19 8PU, ☏ 015 67/83 02 29, 🚪 keine regulären Öffnungszeiten

3 Klassische Bergroute am Rande der Highlands – Ben Ledi

Tour für Naturliebhaber 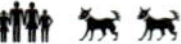

Die beliebte Wanderung auf den Corbett Ben Ledi zählt zu den klassischen Touren im zentralen Hochland. Dank seiner ausgezeichneten Lage vermittelt Ben Ledi den Eindruck eines viel höheren Gipfels und bietet fantastische Aussichten auf die Bergwelt und die Ebenen der südlichen Highlands. Auf guten Wegen geht es zunächst steil, dann gemäßigter über die Südflanke aufwärts. Beim Abstieg ist der Pfad weniger deutlich, deshalb sind Achtsamkeit und etwas Navigationsgeschick gefragt.

- Start/Ziel: Parkplatz an der Brücke über den Fluss Garbh Uisge, GPS N 56°15.105' W 004°16.549'
- 10,35 km, alternativ kann man über den Aufstiegspfad wieder absteigen (8 km)
- 4 Std. 30 Min. bis 5 Std.
- 741 m/741 m, mehrere steile An- und Abstiege
- 140-865 m
- Hinweisschild am Einstieg und streckenweise rot markierte Holzpfosten
- keine Rastplätze
- keine Einkehrmöglichkeit
- nächste Einkaufsmöglickeiten in Killin
- aufgrund der Steigungen für Kinder anstrengend
- wegen felsiger und feuchter Natur der Strecke mit Buggy nicht begehbar
- teilweise felsiger Untergrund, Hilfe bei Zaunübertritten notwendig
- Parkplatz am Einstieg
- Es gibt keine öffentlichen Verkehrsmittel zum Wanderstart. Sie sind entweder auf einen eigenen Pkw oder ein Taxi angewiesen.

Ihre Wanderung beginnt unweit der Falls of Leny, an der Straße A84. Das Hinweisschild „Strathyre Cabins“ leitet Sie 4,5 km nach Callander (Richtung Norden) links über eine kleine Brücke über den Fluss Garbh Uisge (rauer, wilder Fluss). Dahinter befindet sich eine Reihe von Parkplätzen für Wanderer (linker Hand). Direkt gegenüber der Brücke stoßen Sie auf Ihren Bergpfad, der gelegentlich mit Holzpfosten markiert ist. Er führt zunächst steil aufwärts durch ein Forstgebiet. Nachdem in den vergangenen Jahren Stürme massive Schäden in dem alten Forst-

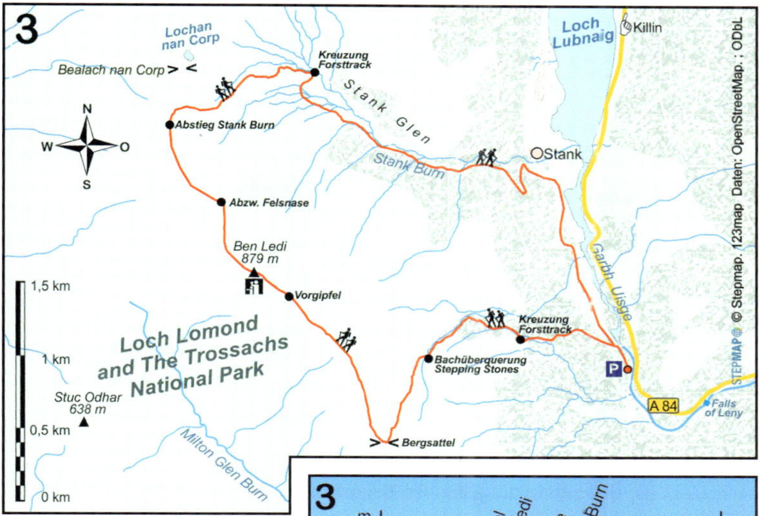

3
Lochan nan Corp
Bealach nan Corp
Kreuzung Forsttrack
Stank Glen
Abstieg Stank Burn
Stank Burn
Stank
Loch Lubnaig
Killin
Abzw. Felsnase
Ben Ledi 879 m
Vorgipfel
Garbh Uisge
Kreuzung Forsttrack
Bachüberquerung Stepping Stones
Loch Lomond and The Trossachs National Park
Stuc Odhar 638 m
Bergsattel
Milton Glen Burn
A 84
Falls of Leny
1,5 km
1 km
0,5 km
0 km
N
W
O
S
STEPMAP © Stepmap, 123map Daten: OpenStreetMap ; ODbL

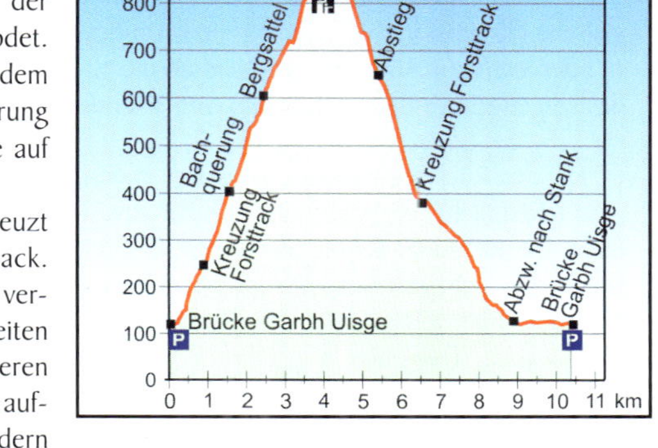

wald angerichtet haben, wurde dieser 2015 von der Forestry Commission gerodet. So haben Sie auch auf dem ersten Teil Ihrer Wanderung immer wieder gute Blicke auf Loch Lubnaig.

Nach knapp 1 km kreuzt Ihr Pfad einen Forsttrack. Einige Meter nach rechts versetzt verlässt er den breiten Weg an zwei Holzbarrieren wieder und führt erneut aufwärts. Immer weiter wandern Sie auf dem präparierten Steinweg den Hang in die Höhe, entlang verschiedener Bachläufe. Die Landschaft öffnet sich und mit der Höhe gewinnen auch die Ausblicke. Nach einer scharfen Linkskurve erwarten Sie einige Steintreppen und wenige Hundert Meter weiter senkt sich der Pfad zu einem Bachlauf, den Sie vorsichtig über einige Stepping Stones (Trittsteine) kreuzen. Sie erreichen einen Zaunübertritt und haben nun bereits 300 Höhenmeter bewältigt.

Über offenes Gelände steigen Sie nun weiter in südwestliche Richtung aufwärts. Sie haben Ihr nächstes Ziel bereits vor Augen – Ben Ledis südliche Schulter – und können von dort die ersten wunderbaren Blicke ins Finglas-Tal und auf die umliegenden Berge wie Ben Vane genießen. Der Weg bis zum Grat kann sehr feucht sein und verzweigt sich immer wieder, ist jedoch nicht zu verfehlen.

Nachdem Sie den Ledi-Kamm erreicht haben (knapp 600 m Höhe) wandern Sie weiter in nördliche Richtung. Der Pfad ist hier stark erodiert und führt durch Moorlandschaft. Gelegentlich stoßen Sie auf rot markierte Pfosten und erreichen schließlich nach knapp 4 km – und mehreren Zwischenanstiegen – den Vorgipfel von Ben Ledi. Hier erinnert ein Metallkreuz an den 1987 bei einem Einsatz der Killin-Bergrettung verunglückten Polizisten Harry Lawrie. Nun sind es nur noch wenige Meter bis zum Gipfel mit einem Betonpfosten. Genießen Sie die Panoramablicke auf die südlichen Highlands. An guten Tagen können Sie sogar die Pentlands- und Arran-Berge erblicken.

Über die **Bedeutung des gälischen Bergnamens** – um den sich eine Reihe von Geschichten ranken – herrscht Uneinigkeit. Während die Tourismusbehörde Ben Ledi als „Berg Gottes" (*beinn le Diá*) anpreist und damit auf die Tatsache verweist, dass er in früheren Zeiten als Ort für keltische Feierlichkeiten diente, führen gälische Namensforscher vielmehr die Form des Berges als Namensgeber an. *Leitir* oder *leathad* – Abhang – erscheint als die plausiblere Interpretation angesichts des langen südwestlichen Anstiegs vom Talboden bis zum 879 m hohen Gipfel.

Für den Rückweg wandern Sie weiter in nördliche Richtung. Der Weg ist hier zwar undeutlicher als beim Aufstieg, aber eine Reihe von Metallzaunpfosten weist Ihnen die Richtung. Folgen Sie diesen abwärts, bis Sie eine Felsnase erblicken. Halten Sie sich jetzt links (Nordwesten), noch immer an den Pfosten entlang. Nach gut 5 km verlassen Sie die „Zaunreste" und wandern an einer Abzweigung nach rechts. (Der linke Weg führt Sie zum Pass Bealach nan Corp und zum gleichnamigen kleinen Loch.)

Lochan nan Corp, der „kleine See der Leichname", war Schauplatz eines traurigen Ereignisses. Unterwegs aus dem benachbarten Glen Finglas zur Kapelle St. Brides am Loch Lubnaig kreuzte eine Trauergesellschaft den gefrorenen See, als das Eis brach. Die Trauergäste und der Verstorbene wurden vom Wasser verschlungen.

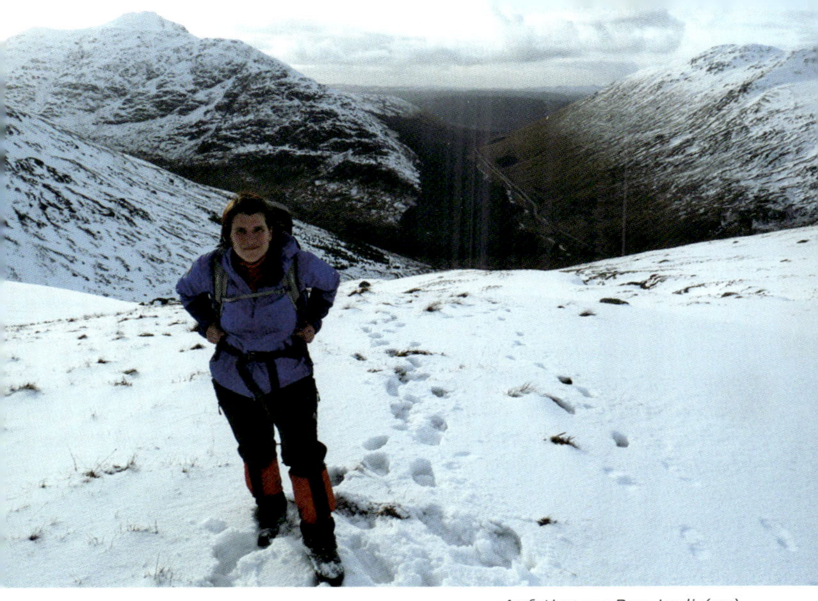

Aufstieg zu Ben Ledi (gc)

Seien Sie jetzt achtsam. Sie steigen auf oft nassem Pfad in die Klamm des Stank Burn hinab. Das Wasser rauscht links von Ihnen abwärts.

Nach einigen Hundert Metern erreichen Sie nahe dem Zusammenfluss einiger Bäche einen Zaunübersteig (mit Gatter) und dahinter einen deutlichen Track. Diesen wandern Sie nach rechts entlang (km 6,5). Der schwierigste Teil des Abstiegs ist nun bewältigt, allerdings müssen Sie auf dem nächsten Kilometer zahlreiche Bachläufe queren, die viel Wasser führen können. An der nächsten Kreuzung – kurz davor steht ein rot markierter Holzpfosten – laufen Sie geradeaus/rechts weiter und biegen an der Gabelung 20 m weiter links ab (Holzbarriere). Entlang roter Holzpfosten führt Ihr kleiner, felsiger Pfad stetig abwärts. Wenn Sie den breiten Forstweg das nächste Mal erreichen laufen Sie wieder wenige Meter nach rechts und gehen dann erneut links abwärts. In großen Kurven nähern Sie sich der Zivilisation. Nach 9 km gelangen Sie an eine offene große Fläche, rot-gelbe Pfosten leiten Sie auch hier weiter bergab. An einem breiten Waldweg unterhalb einer Stromtrasse führt Ihr Weg dann nach rechts ins Tal. Sie erreichen schließlich das erste Haus (rechter Hand), passieren eine Metallsperre und wandern die letzten 600 m auf einer Asphaltstraße zum Startpunkt zurück.

❹ Panoramawanderung übers Tarmachan Ridge

Tour für Naturliebhaber 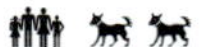

Der Tarmachan Ridgewalk ist eine der schönsten Gratwanderungen im zentralen Hochland. Landschaftlich interessant und abwechslungsreich führt er ohne allzu große technische Schwierigkeiten über einen reizvollen Bergrücken. Trittsicherheit und Schwindelfreiheit sind jedoch Voraussetzung! Vom hoch gelegenen Startpunkt im Ben Lawers Nature Reserve (⇧ 430 m) erklimmen Sie zunächst den „runden Hügel des Schneehuhns" – Meall nan Tarmachan. Ihre Mühen werden mit einem fantastischen Panorama belohnt. Über den Grat wandernd passieren Sie drei weitere Bergspitzen (mit einer kleineren Kletterpassage), bevor es auf stellenweise undeutlichen Spuren wieder abwärts ins Tal und zurück zum Ausgangspunkt geht.

- Start/Ziel: Ben Lawers Visitor Centre, GPS N 56°30.956' W 004°16.154'
- 15,3 km
- 5 bis 6 Std.
- ↑↓ 758 m/758 m, mehrere steile An- und Abstiege mit einer leichten Kletterstelle
- ⇧ 431-1.044 m
- zwei Richtungsschilder
- nächste Einkehrmöglichkeit in Killin
- keine Rastplätze
- nächste Einkaufsmöglickeit in Killin
- für Kinder wegen der Steigungen/Abstiege (zu) anstrengend, Achtung bei ausgesetzten Stellen!
- aufgrund des stellenweise weglosen, steilen und feuchten Geländes nicht mit Buggy begehbar
- teilweise felsiger Untergrund, Hilfe bei Zaunübertritten und Kletterstellen notwendig
- Parkplatz am Lawers Visitor Centre
- keine Busverbindung

Startpunkt für die Wanderung ist das ehemalige Ben Lawers Visitor Centre an der aussichtsreichen, aber abenteuerlichen Verbindungsstraße zwischen Loch Tay und Glen Lyon. (Das Gebäude wurde vor einigen Jahren abgerissen, lediglich der

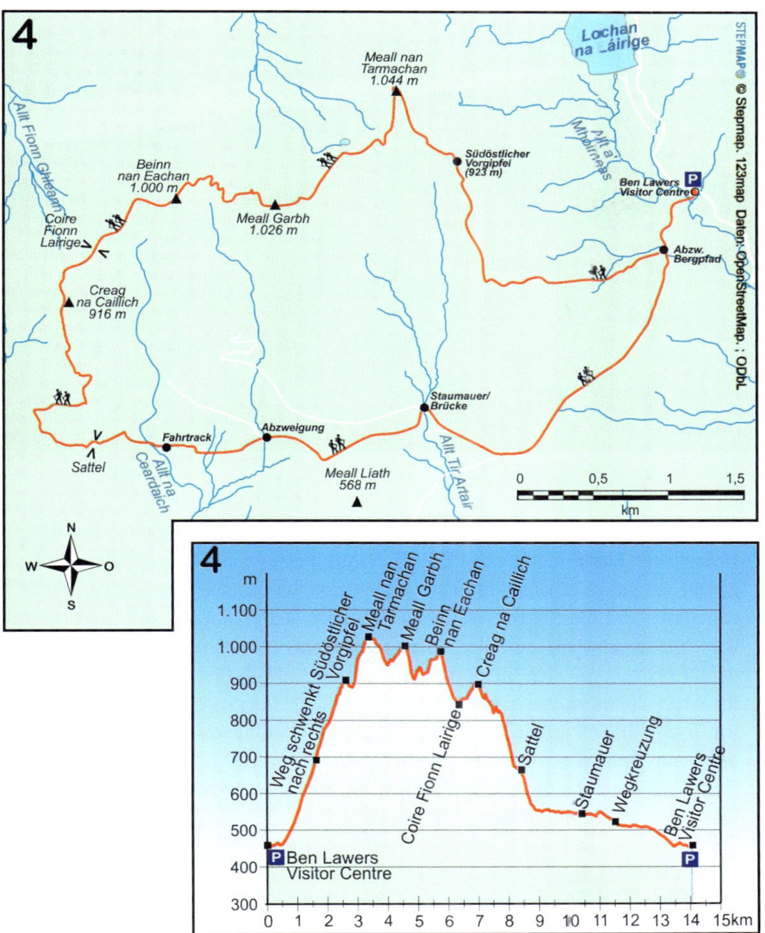

Parkplatz ist noch vorhanden). Leider fahren keine öffentlichen Verkehrsmittel zum Visitor Centre, Sie sind auf den eigenen Pkw oder ein Taxi angewiesen. Laufen Sie zunächst die Straße nordwärts, bis ein Fahrweg nach links abzweigt. Sie

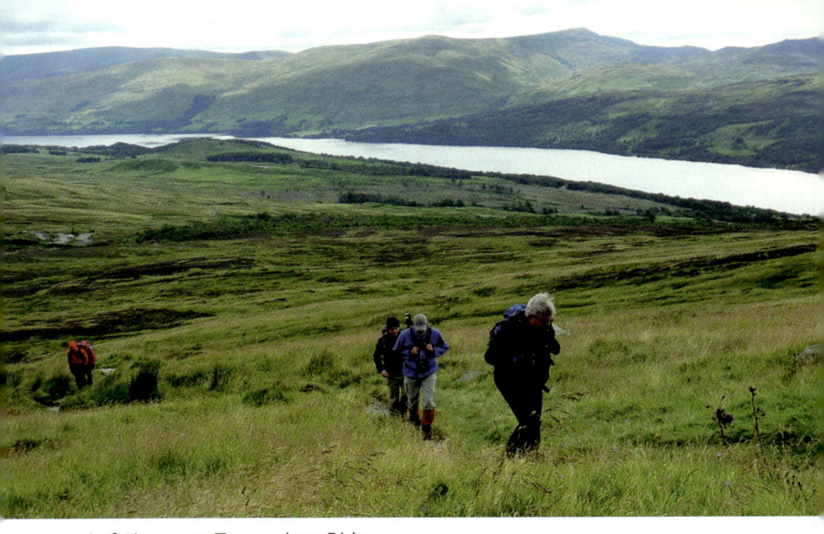

Aufstieg zum Tarmachan Ridge

folgen diesem über eine kleine Brücke und passieren ein Eisengatter. Hellblaue Holzpfosten markieren das Ben Lawers Nature Reserve. 500 m nach der Brücke zweigt ein gut sichtbarer Pfad nach rechts zum südöstlichen Rücken von Meall nan Tarmachan ab. Steigen Sie diesen gut 1 km stetig aufwärts. Bei einer Höhe von 700 m schwenkt der Weg scharf nach rechts (Norden). Sie gelangen bald darauf bei einer kleinen Steinpyramide auf den südöstlichen Gipfel (⇧ 923 m). Ihr Weg fällt nun zu einem kleinen Sattel ab und Sie übersteigen einen Zaunübertritt. Noch ein letzter steiler Anstieg auf präparierten Steinstufen und Sie haben den Hauptgipfel des Meall nan Tarmachan (runder Hügel des Schneehuhns) mit seinen wunderbaren Ausblicken auf Loch Tay, Ben Lawers und die Landschaft des Distrikts Bredalbane erreicht.

Die schottischen Berge werden je nach Höhe in **Munros** und **Corbetts** unterteilt. Zurückzuführen sind die Bezeichnungen auf Bergsteiger, die die Hügel erstmals aufgelistet oder bestiegen haben. So erstellte Sir Hugh Munro, ein bekannter Bergsteiger und Gründungsmitglied des Scottish Mountaineering Clubs (SMC), Ende des 19. Jh. eine Tabelle aller schottischen Berge über 3.000 Fuß (914 m) – fast 300 an der Zahl. Seither wurde die Liste mehrfach vom SMC korrigiert und enthält heute 282 Dreitausender!

Der gute Sir Hugh hat seinerzeit sicher nicht damit gerechnet, dass er mit seiner Leidenschaft einen Volkssport initiieren würde – das Munro-Bagging! Munros „sammeln" kann man, indem man sie besteigt. Wer alle 282 Gipfel erklommen hat, wird in die ehrwürdige Liste der Munroisten aufgenommen, was in britischen Bergsportlerkreisen einst als eine Art besonderer Adelstitel angesehen wurde, heute jedoch eine weitverbreitete sportliche Leistung ist.

Corbetts nennt man die 221 Berge zwischen 2.500 und 3.000 Fuß (760 bis 914 m). Es gibt noch weitere Listen: die 89 Grahams (2.000 bis 2.500 Fuß), die 224 Donalds (Lowland-Berge über 2.000 Fuß) und die 1.215 Marilyns (oft niedrige Erhebungen, die jedoch bisher noch von keinem Bergsteiger vollständig „eingesackt" werden konnten). Am weitesten verbreitet ist zweifelsohne das „Baggen" von Munros und Corbetts.

📖 „Schottland: Munros" von Hartmut Engel, Conrad Stein Verlag, OutdoorHandbuch Band 246, ISBN 978-3-86686-246-3, € 12,90

Nun beginnt die eigentliche Gratwanderung entlang der westlich verlaufenden Bergkette. Sie steigen zunächst in südwestliche Richtung bergab, passieren einen kleinen See und folgen dem schmaler werdenden Pfad aufwärts zum spitzen Gipfel des Meall Garbh (rauer, runder Hügel). Der nächste Abschnitt ist die größte Herausforderung des Tages. Über einen schmalen Grat führt der Pfad abwärts und bei einer kurzen felsigen Stelle müssen Sie Ihre Hände zu Hilfe nehmen. Sie können eventuell auch nach rechts ausweichen – suchen Sie sich den für Sie besten Weg!

Sobald die Steilstelle überwunden ist, wandern Sie mehrfach auf und ab, bis Sie nach etwa 6,5 km den nächsten Gipfel erklommen haben: Beinn nan Eachan, ⇧ 1.000 m (großer Berg des Pferdes). Der nächste steile Abstieg – diesmal in südwestliche Richtung – bringt Sie zum Coire Fionn Lairige (Kar des hellen Bergsattels) und von hier zu Ihrem letzten Anstieg des Tages hinauf zum „Felsen der alten Frau/Hexe", ⇧ 937 m (Creag na Caillich). Mehrere Bergspitzen konkurrieren dort um den Titel des höchsten Gipfels. Die letzten Meter können wieder luftig und ausgesetzt sein.

Nun beginnt der Abstieg. Sie wandern zunächst die steile Bergflanke entlang abwärts, bis Ihr Pfad scheinbar in die „falsche" Richtung führt, um Klippen zu vermeiden. Der Untergrund flacht merklich ab und Ihr Weg, der manchmal schwer zu erkennen ist, führt in einem großen Bogen abwärts zu einem deutlichen Sattel. Laufen Sie immer darauf zu.

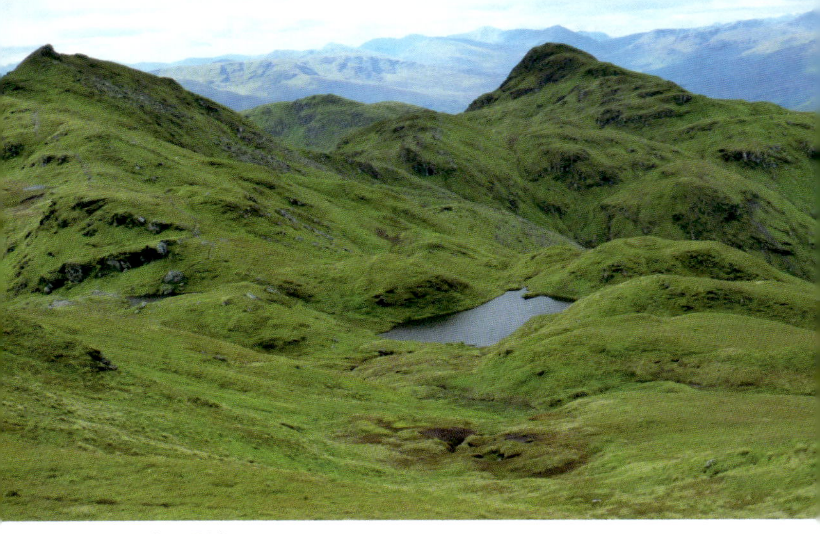

Tarmachan Ridge

Der Zugang zu Bergen und Tälern ist in Schottland äußerst freizügig geregelt. Wanderer können sich nahezu schrankenlos im gesamten Land bewegen, wenn sie sich vernünftig verhalten. Im Jahr 2003 wurde der „Landschaftszugang" im Land Reform Act neu gesetzlich festgeschrieben, der **Scottish Outdoor Access Code** folgte. Dieser löste den alten Country Code ab und beschreibt Rechte und Pflichten für den Outdoorfreund. Im Großen und Ganzen folgt der neue Access Code dem gesunden Menschenverstand. Wenn Sie sich rücksichtsvoll im Gelände verhalten, verantwortlich handeln und auf Ihre eigene Sicherheit achten, dürften Sie keinerlei Probleme auf Wanderungen in Schottland haben.

www.outdooraccess-scotland.com

Am Pass wird Ihr Pfad wieder erkennbarer und Sie folgen ihm immer weiter abwärts, bis Sie nach insgesamt 11 km eine kleine Staumauer erreichen, die Teil der Ben-Lawers-Wasserkraftanlage ist und Sie weiter begleitet. Auf grasigem Weg passieren Sie mehrere „Intakes" (Wasserrechen). Ihr Weg wird schließlich zu einem Fahrtrack.

Ein Übertritt lässt Sie problemlos einen elektrischen Zaun passieren und Sie erreichen eine T-Kreuzung. Hier gehen Sie nach links und kommen nach knapp drei bequemen Kilometern zu Ihrem Ausgangspunkt.

5 Auf den Spuren von Rob Roy: von Brig o'Turk über Balquhidder nach Killin

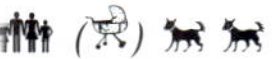

Zweitagestour für Naturliebhaber

Die anspruchsvolle Streckentour führt Sie in zwei Tagesetappen entlang einer alten Viehtreiberroute durch das Herz der Trossachs. Von der kleinen Gemeinde Brig o'Turk geht es auf bequemen Fahrwegen aufwärts zum Glen-Finglas-Wasserreservoir. Durch wunderbare ursprüngliche Wald- und entlegene Moorlandschaft führt Sie ein kleiner, oft feuchter Pfad ins Gleann Meann (Tal des jungen Rehwildes), am Fuß von Ben Vane (Berg des jungen Hirsches) entlang. Nach einem luftigen Pass (⇧ 408 m) erreichen Sie Glen Buckie (Tal des Rehbocks) und können die letzten Kilometer bequem auf Asphalt nach Balquhidder, der letzten Wohnstätte des Volkshelden Rob Roy, schreiten.

Am Folgetag wandern Sie vom bewaldeten Kirkton Glen (Tal einer Siedlung mit Kirche), dem Ort wichtiger Clantreffen, ins benachbarte Glen Dochart (wahrscheinliche Bedeutung: breites Tal mit gutem Ackerland). Der Pass zwischen den beiden Tälern bietet nicht nur atemberaubende Sicht, sondern lädt auch mit einem kleinen idyllischen Loch zur Badepause ein. Nach einem teilweise weglosen Abstieg wandern Sie bequem auf den Spuren der alten Eisenbahnstrecke Callander–Oban ins Örtchen Killin mit den schönen Falls of Dochart und guten Einkehrmöglichkeiten.

Da Sie bei dieser Tour nur am Endpunkt auf öffentliche Verkehrsmittel zurückgreifen können, müssen Sie vorab den Transport zum Startpunkt arrangieren.

→ Start: Waldparkplatz Glen Finglas Reservoir, GPS N 56°014.135' W 004°22.302';
Ziel: Ortszentrum von Killin, GPS N 56°28.090' W 004°19.044'

⮌ insgesamt 34,4 km: 1. Tag bis Balquhidder: 17,3 km, 2. Tag: 17,1 km

⧗ 1. Tag: 5 bis 6 Std., 2. Tag: 4 Std. 30 Min. bis 5 Std. 30 Min.

↑↓ 1. Tag: 523 m/495 m, 2. Tag: 534 m/563 m, kräftiger Anstieg zu Beginn im Wald

⇧ 112-599 m

✎ Einstiegsmarkierung und zwei Hinweisschilder

✕ Tearoom und Old Byre in Brig o'Turk, Mhor 84 (das einzige Restaurant (und Hotel) in Balquhidder, 1,4 km von der Kirche entfernt, nahe der A 84), zahlreiche Einkehrmöglichkeiten in Killin

π keine Sitzbänke am Weg, aber idealer Rastplatz am Lochan an Eireannich (Tag 2: km 4,7)

zahlreiche Einkaufsmöglichkeiten in Killin

WC öffentliche Toiletten in Killin (bei den Falls of Dochart)

Cragmhor Bed & Breakfast, Molmeg Cottage B&B und Hotel Mhor 84 in Balquhidder (alle Unterkünfte sind gut 1 km vom Endpunkt der Wanderung in Balquhidder entfernt)

Lochan an Eireannich (2. Tag: km 4,7)

Aufgrund der Länge und des Mangels an kindgerechten Highlights ist der Weg nicht ideal. Die Bademöglichkeit am Lochan an Eireannich ist reizvoll, ebenso die Wasserfälle in Killin (Falls of Dochart). Eine Alternative ist der „Spielpfad" für Kinder am Visitor Centre in Brig o'Turk (1. Tag).

Stellenweise geht es über schmale und sehr feuchte Steige. Sie können aber die ersten Kilometer (bis zum Ende des Glen Finglas) auf dem Fahrtrack wandern, zudem bietet der Woodland Trust einen rollstuhlgerechten Wandertrail im Little Druim Wood sowie einen „Spielpfad" (1. Tag). Die Wanderung des 2. Tages ist ebenfalls nicht für Buggys geeignet, da es über schmale, feuchte Wege und stellenweise weglos durchs Gelände geht. Es ist allerdings möglich, das erste Stück im Kirkton Glen auf den Forstwegen zu wandern.

auf frei laufende Schafe achten und in Ortsnähe anleinen, einige Zaunüberstiege

P Parkmöglichkeit am Waldparkplatz Glen Finglas und in der Siedlung Balquhidder, zwei kostenlose Parkplätze in Killin

Es gibt keine Busverbindungen nach Brig o'Turk und Balquhidder. Killin hat nationale Busanschlüsse (Citylink 913 – Edinburgh/Fort William, 973 – Dundee/Oban, 978 – Edinburgh/Oban). Zwischen Killin und Callander verkehrt zudem der lokale Bus C60 von Kingshouse Travel. Es gibt mehrere Bushaltestellen in Killin.

Erster Tag:

Sie haben zwei Möglichkeiten, die erste Etappe Ihrer Zweitageswanderung zu starten. Beginnen Sie am einfachsten am Parkplatz nahe dem Glen Finglas Reservoir. Um dorthin zu gelangen, biegen Sie in der Ortschaft Brig o'Turk von der A 821 (von Callander kommend) vor dem „Tearoom" rechts ab und folgen der kleinen Straße knapp 1 km in nördliche Richtung. Der Name bedeutet übrigens „die Brücke des Keilers", ein Hinweis auf die frühere Existenz von Wildschweinen in der Region.

Sie erreichen einen Parkplatz mit einer Markierungstafel des Woodland Trust Scotland. Wandern Sie nun einen Asphalttrack rechts aufwärts. Sie passieren einen Aussichtsplatz mit wunderbaren Blicken auf das Glen-Finglas-Wasserreservoir. Der Weg ist gut markiert und Sie werden einen Großteil der heutigen Wanderung den gelben Markierungspfosten (Mell Trail) folgen. Auf den ersten Kilometern wandern Sie noch an einer Reihe von Häusern vorbei, bis die Asphaltierung nach 3,5 km an einer Brücke endet und der Weg nun zum Landrover-Fahrtrack wird.

Alternativ können Sie die Wanderung auch am offiziellen Glen Finglas Car Park beginnen (knapp 1 km östlich von Brig o'Turk an der A821). Am neuen Besucherzentrum des Woodland Trust (www.woodlandtrust.org.uk/visiting-woods/wood/4878/glen-finglas) beginnt eine Reihe kleiner Wanderungen. Laufen Sie über ein Brücklein hinter dem Parkplatz und folgen Sie dem gelb markierten Mell Trail. Bei einer Wegkreuzung halten Sie sich links und steigen steil an. Der gelbe Pfad führt Sie entlang eines Bergrückens aufwärts, bis er oberhalb des Finglas Reservoir auf die Zufahrtsstraße ins Glen absteigt. Hier gehen Sie nun nach rechts.

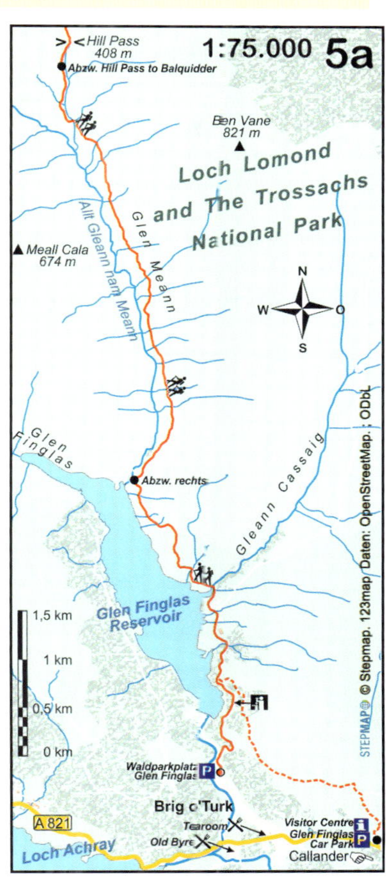

Nach 5 km teilt sich der Track. Der Weg geradeaus führt tiefer ins Glen Finglas. Sie aber nehmen den rechten Abzweig (Markierung auf einem Stein) und wandern leicht aufwärts ins Glen Meann. Rechter Hand ragt der Munro Ben Vane vor Ihnen auf.

Der Weg zieht sich in großem Bogen um den 674 m hohen Berg Meall Cala (linker Hand) herum. Wasser plätschert im Tal und Sie kreuzen immer wieder Wasserläufe. Der Blick kann weit durchs Tal schweifen. Am Ende von Glen Meann sehen Sie einen kleinen Pass in der Höhe. Dies ist Ihr nächstes Ziel. Ignorieren Sie zwei

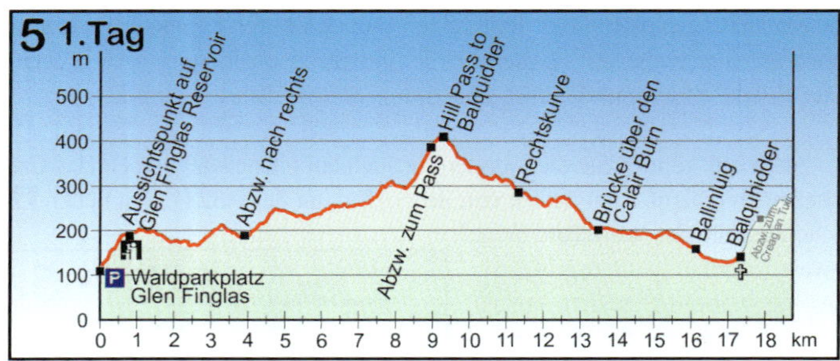

Abzweigungen nach links (beide führen auf die andere Talseite) und halten Sie sich immer geradeaus/rechter Hand.

Glen Finglas im Herzen der Trossachs ist ein schönes Beispiel für ein erfolgreiches Schutz- und Wiederaufforstungsprojekt. Einst war es mit ursprünglichem Baumbestand überzogen (☞ Seite 42), doch Ende des 20. Jh. hatte kaledo-

Glen Finglas Reservoir

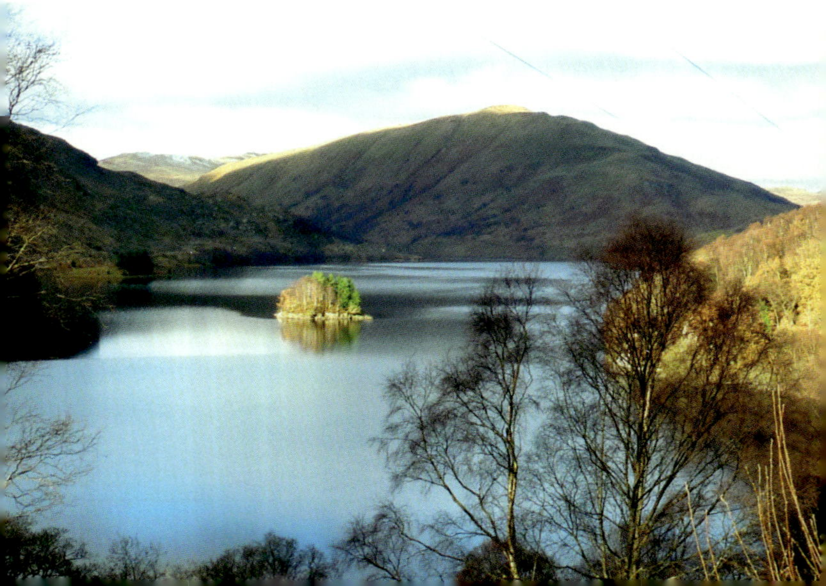

nischer Wald nur noch inselartig im Tal überlebt. Nach Wunsch des Woodland Trust Scotland soll sich dies jedoch ändern. Die gemeinnützige Organisation erstand im Jahr 1996 das 40 km² Glen Finglas Estate mit dem Plan, zerstörte Lebensräume wiederzubeleben und ein Mosaik aus angestammter Waldweide und offener Heidelandschaft zu schaffen. Glen Finglas ist eines der größten Grundstücke der Organisation und bietet dem Besucher eine Reihe von Wanderwegen für unterschiedliche Ansprüche. Im neuen Glen Finglas Visitor Gateway können große und kleine Besucher alles über die außergewöhnliche Flora und Fauna der Region sowie die Arbeit des Woodland Trust lernen.

www.woodlandtrust.org.uk

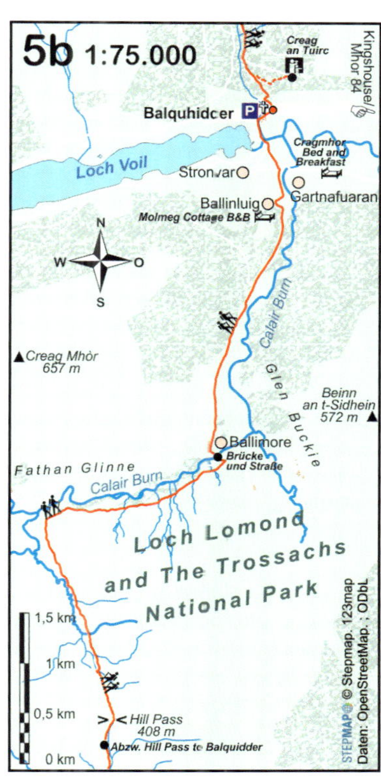

Glen Finglas bot übrigens einer Reihe schottischer Künstler Inspiration. So verewigte unter anderem Sie Walter Scott das Tal in dem Gedicht „Glenfinlas; or Lord Ronald's Coronach".

Nach der zweiten Gabelung gelangen Sie nach wenigen Metern an eine kleine Wegkreuzung. Auf einem Stein sehen Sie mit blauer Farbe den Hinweis „Hill Pass to Balquhidder". Bereits über die Hälfte der Strecke ist nun schon geschafft. Sie verlassen den Fahrweg und folgen dem kleinen Bergpfad aufwärts. Die nächsten Kilometer können recht feucht und matschig werden. Bleiben Sie aufmerksam, denn der Pfad wird immer wieder undeutlich und Schafpfade sorgen zusätzlich für Unklarheit beim Wegverlauf. Sie kreuzen eine Reihe kleiner Bachläufe und gelangen an ein Metallgatter (Überstieg daneben).

Nun haben Sie das nächste Tal – Fathan Glinne (Tal des Pirschganges) – erreicht und werden mit wunderbaren

Blicken auf ferne Berge und die Braes of Balquhidder belohnt. Im Tal ist unterhalb einer kleinen Forstplantage ein Anwesen erkennbar, das Ihnen Ihre Richtung vorgibt. Bevor Sie jedoch Farm und Flussufer erreichen, schwenkt Ihr Weg nach rechts, weiterhin dem Bachverlauf Richtung Osten/Nordosten folgend. Auf der anderen Bachseite sehen Sie einen Farmtrack, der ebenfalls nach Balquhidder führt. Schließlich erreichen Sie an einem Metallgatter das Ende des öffentlichen Weges (grünes Schild „Public Footpath") und übersteigen dieses. Nach der weglosen Überquerung einer Schafsweide gelangen Sie an einen Fahrtrack. Hier laufen Sie nach links und überqueren die Brücke über den Calair Burn (Calair: gälisch für laut, weinend, Burn: scots für Bach) in die Ansiedlung Ballimore. Die letzten Kilometer Ihrer Tagesetappe bis Balquhidder folgen Sie der kleinen Asphaltstraße durchs Glen Buckie.

Die **kaledonischen Wälder** sind Ende der letzten Eiszeit entstanden, als Bäume sich vom Festland über eine Landbrücke auf den heutigen Britischen Inseln ausbreiteten. Wälder dieser Art fand man eine Zeit lang auf dem ganzen Eiland, bis sich das Klima langsam erwärmte. Die Wälder zogen sich anschließend in die nördlicheren Gefilde der schottischen Highlands zurück. Der kaledonische Wald bestand aus einer Mischung von verschiedenen Laubbäumen (Erle, Eiche, Birke, Espe, Eberesche, Wacholder u. a.) sowie der endemischen Kiefernart, der Caledonian Pine. Die heimischen Wälder bedeckten etwa 15.000 km² der schottischen Wildnis. Heute sind nur noch bescheidene Restbestände des kaledonischen Waldes vorhanden, die komplett unter Naturschutz stehen. Den größten Bestand findet man im Cairngorms National Park. Die staatliche Forstverwaltung sowie der britische Vogelschutzbund gehören zu den größten Eignern des Waldes. Auch in anderen Landesteilen finden sich noch kleine Reste der angestammten Waldflora erhalten, beispielsweise im Glen Finglas (☞ oben). Es gibt Bestrebungen, auch einstige Bewohner aus dem Tierreich wieder in die Wälder zurückkehren zu lassen. Dazu gehören zum Beispiel der Europäische Biber und der Luchs.

Zunächst stoßen Sie auf die Häuser des kleinen Weilers Ballinluig, Stronvar und Gartnafuaran (Siedlung in der Niederung, nasenförmige Hügelkuppe und Feld der Quelle). Gehen Sie an den Abzweigungen jeweils geradeaus weiter, bis Sie die Wasser des Loch Voil (linker Hand) erblicken können. Bei einer roten Telefonzelle erreichen Sie eine T-Kreuzung. Hier laufen Sie nach rechts und stehen nach wenigen Metern vor der Kirchenruine im Herzen von Balquhidder (Siedlung des Harfenspielers).

Der kleine Ort am Kopf von Loch Voil (mundförmiger See) hatte einst eine große lokale Bedeutung als Kreuzungspunkt wichtiger Bergrouten. Er war Heimat für die Clans MacLaren und MacGregor, deren bekanntester Sohn Rob Roy MacGregor hier auf dem Friedhof begraben liegt. Heute ist das Tal besonders bei Wanderern und Fischern bekannt. Das ruhige Örtchen liegt 2,5 km von der nächsten größeren Straße, der A84, entfernt.

🛏 MHOR 84, an der A84 gelegen, 4 km von Balquhidder entfernt, ☏ 018 77/38 46 46, ✉ motel@mhor.net, 💻 www.mhor.net/mhor84-motel, Ü ab £ 80 für ein DZ, Hotel mit ausgezeichnetem Essen

B&B Craghmor, 1 km von der Kirche entfernt, ☏ 018 77/38 42 08, 💻 www.cragmhor.co.uk, ÜF ab £ 40 pro Person, Pick-up- und Drop-off-Service, Fahrradvermietung

♦ Calea Sona, ☏ 018 77/38 42 60, ✉ le.ronblain@mac.com

♦ Molmeg Cottage, Ortsteil Ballinluig, 800 m von Kirche entfernt, ☏ 018 77/38 47 22, ✉ enquiries@molmeg-cottage.co.uk, 💻 www.molmeg-cottage.co.uk, ÜF ab £ 42 pro Person

Zweiter Tag:

Beginnen Sie Ihre zweite Wanderetappe mit einem Besuch des ✝ Friedhofes und der Kirche von Balquhidder. Laut Legende soll die erste Kapelle an diesem Ort auf dem Grab von St. Angus, einem Mönch des 7./8. Jh., errichtet worden sein. Das heutige Gebäude wurde 1855 erbaut und beherbergt ein Steinbecken, das

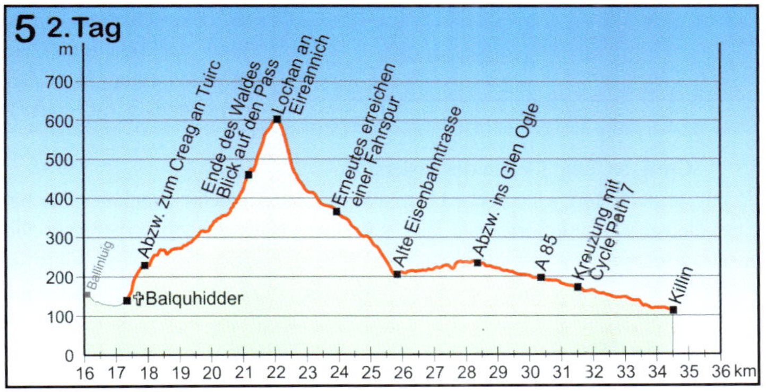

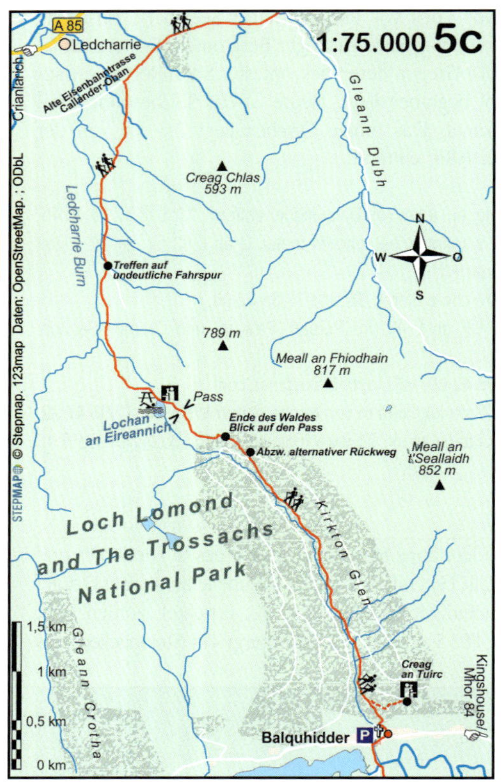

vielleicht aus vorchristlicher Zeit stammt. Ein weiteres archäologisches Fundstück der Kirche ist der sogenannte St. Angus Stone, bei dem es sich um den Grabstein des Mönches handeln soll.

Vor dem Eingang zum Friedhof sehen Sie eine Wandertafel der Region, links davon beginnt der Wanderweg. Steigen Sie den Track hinter der Kirche hinauf. Im Wald stoßen Sie auf ein Holzschild, das Sie in Richtung Kirkton Glen weist. Sie folgen nun dem Forstweg die nächsten Kilometer immer aufwärts. Er führt Sie in großen Bögen durch den Nadelwald. Ignorieren Sie die Abzweige auf ihrem Weg (es sei denn, Sie möchten einen Abstecher unternehmen, ☞ unten).

↳ Creag an Tuirc (Felsen des Keilers)

Wenn Sie noch kurz einen Aussichtspunkt besuchen möchten, nehmen Sie bei einer kleinen Kreuzung im Wald kurz vor einem Haus der Wasserbehörde den ausgeschilderten Weg nach rechts (etwa 300 m ab Wanderstart). Dieser führt Sie zu einem Gatter und dahinter in wenigen Minuten steil aufwärts zur Anhöhe. Eine Cairn (Steinpyramide) und eine Picknickbank markieren den Treffpunkt eines lokalen Clans, der MacLarens, dessen Schlachtruf „Creag an Tuirc" dem Ort seinen Namen gab. Der Clan traf sich hier in Zeiten von Gefahr.

Von hier haben Sie ausgezeichnete Blicke auf Loch Voil und die Hügel der Braes of Balquhidder. Wenn Sie sich auf dem Rückweg beim Gatter links halten, führt Sie ein kleiner Pfad abwärts erneut auf den Forstweg, etwas unterhalb des ursprünglichen Abzweiges.

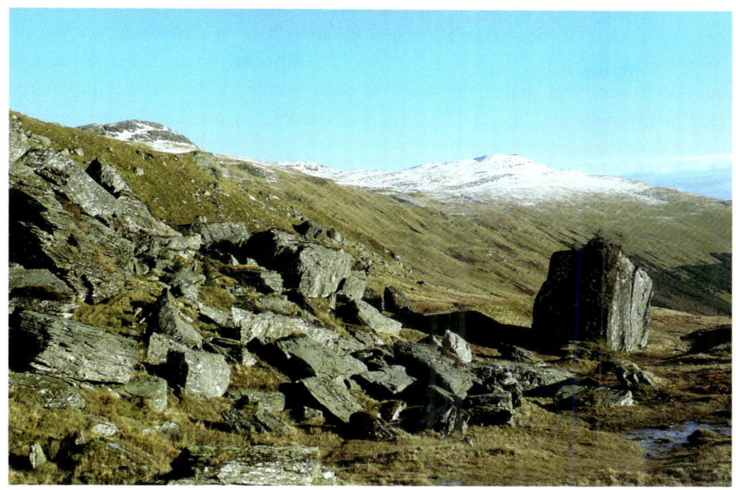

Im Kirkton Glen

Der Forsttrack führt Sie bergan ins Kirkton Glen. Diesen Weg hat Rob Roy im 18. Jh. oft als Fluchtweg genutzt, um seinen Häschern über den Sattel am Lochan an Eireannaich ins Glen Dochart zu entkommen.

Rob Roy MacGregor (1671 am Loch Katrine geboren) gilt als einer der bekanntesten Kämpfer seines Clans. Die Legende um seinen Widerstand gegen die Obrigkeit inspirierte Sir Walter Scott zu dem romantisierenden Roman „Rob Roy", der MacGregor zum „Robin Hood des Nordens" stilisierte und in die Geschichte eingehen ließ.

Rob Roy begann zunächst als Familienvater und erfolgreicher Viehhändler, wobei er auch in den hochlandüblichen Metiers des Viehdiebstahls und der Akquise von Schutzgeld – gezahlt von reichen Landbesitzern zur Vorbeugung gegen möglichen Viehdiebstahl – großes Geschick zeigte. Seine „Karriere" als Freibeuter, Schmuggler und Viehdieb im großen Stil begann jedoch erst Anfang des 18. Jh., als Rob Roy dem Duke of Montrose ausstehende Schulden nicht zurückzahlen konnte. Laut Erzählung hatte sich einer seiner Viehtreiber mit dem Geld aus dem Staub gemacht. Der Herzog ließ MacGregors Ländereien beschlagnahmen und versuchte, den Viehhändler selbst in den Schuldenturm werfen zu lassen. Rob Roy konnte seinen Häschern jedoch entkommen und begann einen jahrelangen persönlichen Rachefeldzug in Guerillamanier gegen Montrose. 1722 gab der „Rote Robert" schließlich seine Fehde mit dem Herzog auf und wurde Jahre später begnadigt. Er starb im Jahr 1734 friedlich in seinem Haus in Inverlochlarig Beg und fand auf dem Friedhof an der alten Kirche von Balquhidder seine letzte Ruhe.

Sie können bald erste schöne Blicke auf die umliegenden Berge erhaschen. Nach 1,3 km kommen Sie bei einer Brücke an eine Weggabelung. Sie wandern weiterhin geradeaus und ignorieren auch die nächsten zwei Kreuzungen.

Nach insgesamt 3,5 km ist das Ende des Waldes erreicht. Der Blick öffnet sich und Sie können den Pass links von einer großen Felsnase erkennen, der Ihr nächs-

Lochan an Eireannich

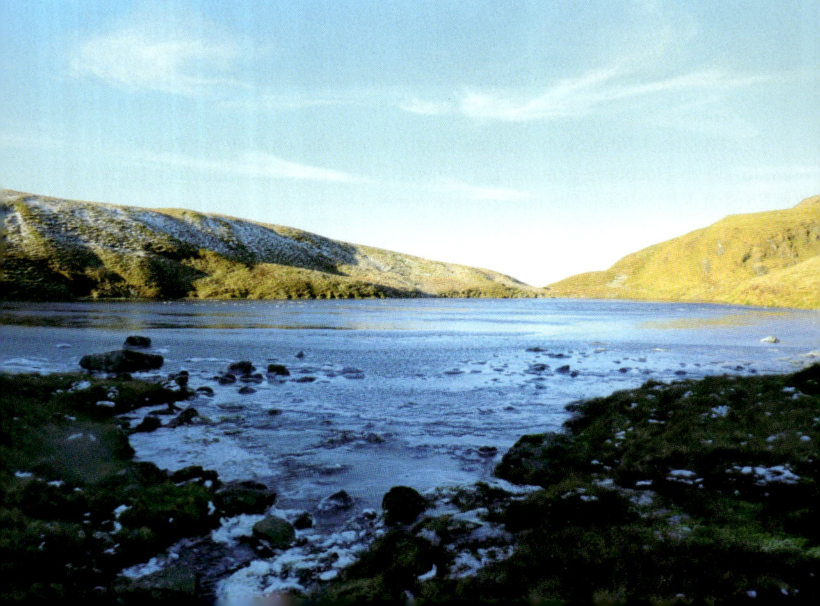

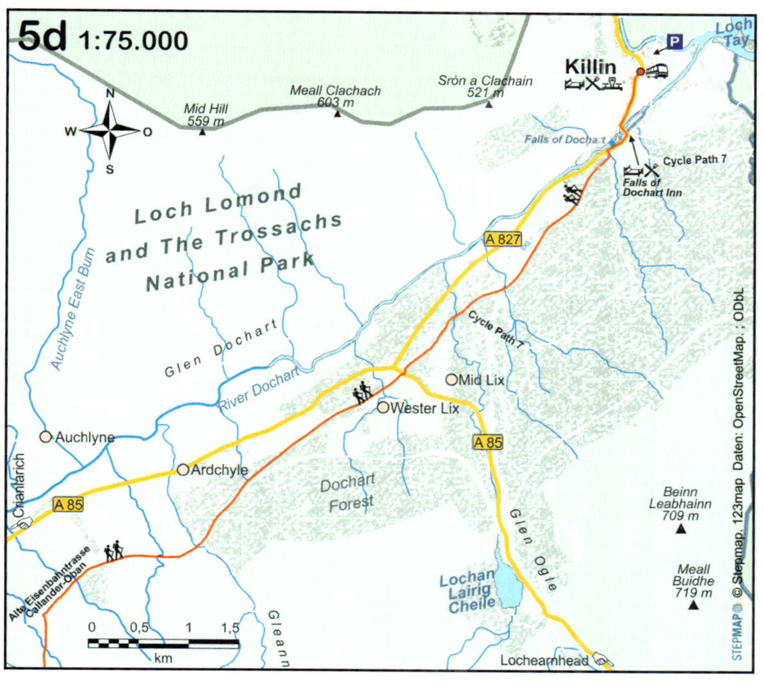

tes Ziel sein wird. Der Forstweg endet hier beziehungsweise führt nach rechts und anschließend wieder südlich ins Tal hinab zu Ihrem heutigen Startpunkt.

Sie verlassen den Waldweg und halten Ausschau nach einem grünen Holzschild, das auf den „Glen Dochart Path" hinweist. Dieser kleine, unscheinbare Pfad schlängelt sich nun den Bergrücken zum Pass aufwärts. Er kann etwas matschig sein und ist nicht immer leicht zu erkennen. Lassen Sie sich nicht von den zahlreichen Schafsspuren verwirren, sondern halten Sie auf dem steiler werdenden Weg immer auf den deutlich sichtbaren Pass links der großen Feldnase zu. Sie umlaufen einige Felsbrocken und gelangen an einen Rotwildzaun, den Sie mithilfe eines Überstieges überqueren können. Jetzt ist es nur noch ein letzter kräftiger Anstieg, bevor Sie den höchsten Punkt erreicht haben und die schöne Aussicht zurück aufs Tal und auf die kleine Ortschaft Balquhidder genießen können.

Auf der anderen Seite des Passes gelangen Sie schließlich an die Ufer des wunderbaren Lochan an Eireannaich (kleiner See des Iren). Die Aussicht ist atemberaubend. Still und klar liegt das Gewässer, eingebettet in die Landschaft. In der Ferne sehen Sie die Berge des Glen Dochart aufragen.

Nach einer Pause am Loch folgen Sie dem Weg in Richtung Glen Dochart. Sie passieren einige alte Metallzaunstangen und blicken dann direkt abwärts ins Tal.

Jetzt aufgepasst! Der Weg abwärts ist sehr undeutlich und Ihre Navigationsfähigkeiten sind gefragt. Holzpfosten können als grobe Orientierung dienen. Am besten laufen Sie jedoch weglos in westliche Richtung auf den Ledcharrie Burn (Bach mit sumpfiger Böschung) zu und dann parallel zum Bach den Hang abwärts. Zahlreiche Schafswege erleichtern die Passage. Der Untergrund kann sehr matschig sein und Sie müssen Ihre Füße achtsam setzen, um den unebenen Untergrund gut zu meistern. Nach knapp 7 km sehen Sie auf der anderen Bachseite einen großen Felsen liegen und stoßen auf eine undeutliche Fahrspur im Gelände. Folgen Sie dieser und Sie erblicken bald erneut Holzpfosten zu Ihrer Rechten.

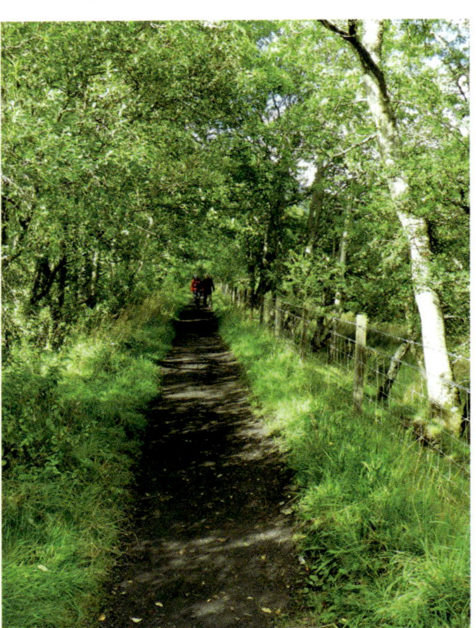

Unterwegs auf der Eisenbahntrasse

Sie treffen schließlich an einem Markierungspfosten auf einen deutlicheren Pfad, der meist mit der Fahrspur zusammen verläuft. Achten Sie auf weitere Marker. Immer wieder kreuzen Sie kleine Bachläufe und begegnen überraschten Schafen, die vor Wanderern schnell Reißaus nehmen. Nach insgesamt 8 km gelangen Sie an einen Zaundurchlass und passieren kurz darauf rechter Hand steinerne Weidezäune.

Im Tal können Sie längst die Straße und davor die alte, überwachsene Eisenbahntrasse (eingezäunt an beiden Seiten) sehen, die Sie nach Killin führen wird. Jetzt ist die schwierigste Strecke überwunden und der Fahrtrack endet schließlich direkt an der Trasse (an einem Metallgatter mit Kissing Gate). Wenden Sie sich hier nun nach rechts.

Sie können sich jetzt entspannen und auf ebenem, breitem Weg die restliche Strecke bis nach Killin zurücklegen. Sie wandern die Trasse der alten Callander-Oban Railway Line entlang, die bis Mitte der 60-Jahre die Trossachs mit der Westküste verband. Ben Lawers und das Tarmachan Ridge erheben sich majestätisch hinter Killin und wenn Sie zurückschauen, können Sie Blicke auf die Munros Ben More (großer Berg) und Stob Binnein (möglicherweise: Ambossgipfel) bei Crianlarich genießen. Immer wieder begegnen Ihnen Schafe auf dem Weg und einmal müssen Sie ein Gatter übersteigen. Nach 2 km erreichen Sie den Dochart Forest, eine private Forstplantage, deren Besitzer sich das Ziel gesetzt hat, ökologisch sinnvollere Mischbepflanzung zu praktizieren.

Midges (gesprochen: Midschis) sind winzig kleine Mücken mit großem Blutdurst. In den Hochsommermonaten entkommt man ihnen kaum. Sie stürzen sich besonders gern auf verschwitzte Wanderer, die sich gerade zu einer wohlverdienten Erholungspause niederlassen.

Midges lieben windstille, mild-feuchte Verhältnisse. Einer leichten Brise können sie aufgrund ihrer geringen Größe schon nicht mehr standhalten. Auch Kälte mögen sie nicht, ebenso wenig direktes Sonnenlicht. Ihren Durst stillen sie am liebsten nachmittags bis abends. An diesigen, regnerisch grauen Tagen sind sie aber durchaus den ganzen Tag aktiv.

Midges stechen nicht, sondern beißen. Meist greifen sie in großen Schwärmen an. Die Bisse werden schnell rot und jucken ungemein. Nicht kratzen, sonst entzünden sie sich. Nach einer Weile gewöhnt sich der Körper an das Sekret der Insekten und die Reaktionen werden immer geringer. Wer kratzt, hat allerdings wochenlang etwas davon.

Es gibt 37 verschiedene Arten von Midges, aber nur fünf davon attackieren den Menschen. Besonders berüchtigt ist die Highland Midge, die kleinste ihrer Art. Sie hat nur 1,4 mm Spannweite, ist aber für 90 % aller Attacken verantwortlich. Die Highland Midge lebt, wie kaum anders zu erwarten, in den Highlands und dort vor allem an der regenreichen Westküste. Der gälische Name ist *Meanb chuileag*, was „winzige Fliege" bedeutet.

Leider gibt es kaum wirksame Mittel. Elektrische Abwehrmittel lassen sie kalt, auch chemische Keulen wie Autan oder Zedan helfen nur bedingt. Die Schotten schwören auf „Skin-so-Soft" vom Kosmetikhersteller Avon. Eigentlich ein Feuchtigkeitspflegeprodukt enthält es offensichtlich einen Stoff, den die Midges nicht mögen. Sie können es in Outdoor-Shops erstehen und in Wanderregionen meist auch in Supermärkten und Tante-Emma-Läden. Daneben hat sich in den letzten Jahren auch das „Midge-Abwehrmittel" „Smidge" fest in den Regalen etabliert.

Auch Vitamin B in hohen Dosen soll die Midges fernhalten. Ein Mückennetz fürs Gesicht kann ebenfalls gute Dienste leisten. Kaufen Sie es am besten vor Ort. Dort gibt es welche, die dicht genug sind, um die klitzekleinen Tierchen fernzuhalten.

Kurz nachdem Sie zwei versteckt liegende Häuserruinen linker Hand passiert haben, kommen Sie an eine Weggabelung. Der rechte Track führt den Wanderer ins Glen Ogle (mögliche Bedeutung: schreckliches, düsteres, trostloses Tal) bis Callander. Sie gehen jedoch geradeaus auf dem Seitenarm der alten Eisenbahnstrecke weiter. Schließlich kreuzt Ihr Weg die Autostraße A85 (Lochearnhead nach Crianlarich). Überqueren Sie diese und wandern Sie direkt gegenüber auf einem zunächst schmalen Weg weiter. Bald verbreitert sich der Pfad und nach 1 km gelangen Sie erneut an eine Kreuzung. Hier stößt nun von rechts der Cycle Path 7 (Teil des nationalen Fahrradroutennetzwerks) hinzu und begleitet Sie die letzten Kilometer bis Killin. Ihr Weg endet schließlich kurz vor dem Zentrum des Ortes. Ein Schild weist Sie nach links bis zur Hauptstraße, der Sie die letzten Meter, vorbei an den Dochart Falls, ins Stadtzentrum folgen. Kurz vor der Brücke über den Dochart-Fluss können Sie im Falls of Dochart Inn schon die erste Stärkung zu sich nehmen.

✕ Falls of Dochart Inn, Grey Street, Killin, FK21 8SL, ☏ 015 67/82 02 70,
www.fallsofdochartinn.co.uk, Öffnungszeiten variieren

Killin ist ein beliebter Urlaubsort am Loch Tay, ideal zum Relaxen und um die müden Beine auszuruhen, außerdem ein Eldorado für Bergwanderer. Killin hat eine gute Infrastruktur und nette Atmosphäre, im Sommer herrscht deshalb oft Bettenmangel.

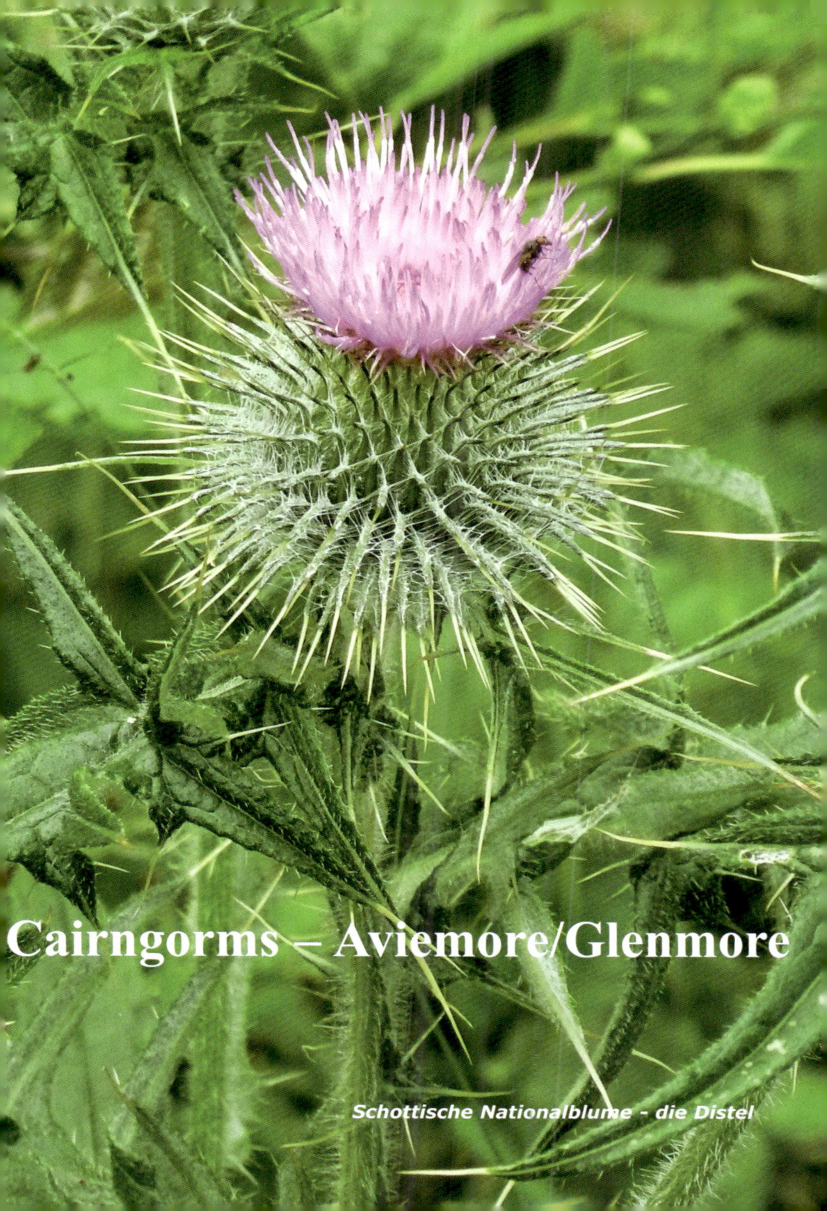

Cairngorms – Aviemore/Glenmore

Schottische Nationalblume - die Distel

Wandern im Cairngorms-Nationalpark gilt als „Pflichtveranstaltung" für jeden Schottlandfan. Das hohe, berg- und schneereiche Plateau der „blauen Hügel" (Cairn Gorms) bietet Bergsteigern, Wassersportfreunden, Skifahrern und aktiven Familien gleichermaßen eine interessante „Spielwiese". Von Touren mit Schlittenhunden über Wandertraining bis hin zu Bahnfahrten zum Skigebiet des Bergmassivs findet jeder Gast seine Nische, Ausflüge zu einsamen Tälern und Seen eingeschlossen. Die touristische Infrastruktur ist stark entwickelt und hält ein breites Angebot an Unterkünften und Einkehrmöglichkeiten bereit.

Loch an Eilean (Tour 10)

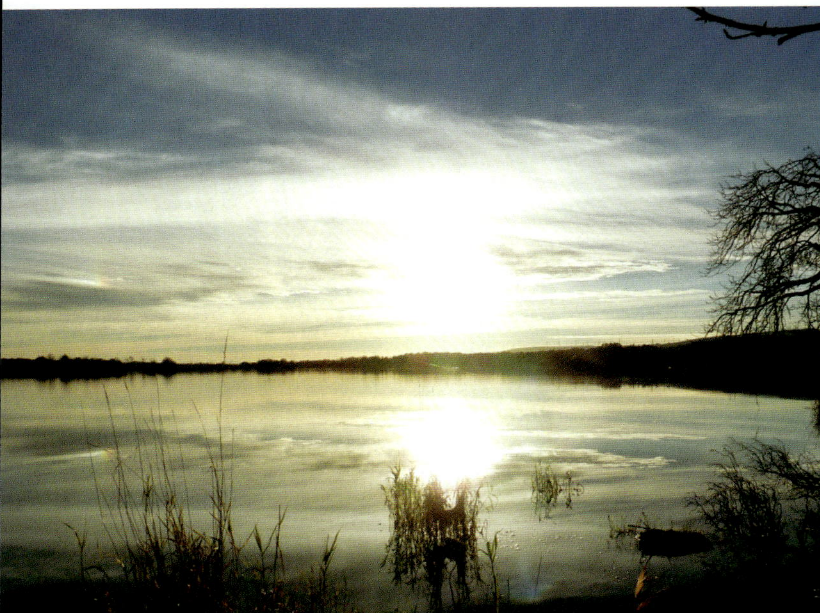

6 Durch den Feshiewald

Tour für Kulturinteressierte, Naturliebhaber und Familien

Diese kurzweilige Rundtour verbindet zwei lokale Wanderungen im Gebiet des unteren Feshie-Tals und bietet viele verschiedene Eindrücke. Sie besuchen den Freilicht-Skulpturenpark des lokalen Künstlers Frank Bruce mit riesigen Holzfiguren, wandern entlang der rauschenden Feshie-Wasser und entdecken eine Gruppe kleiner Seen inmitten des Waldes von Inshriach (geflecktes Feld). Die Wege des Skulpturenpark-Trails wurden für Rollstuhlfahrer angelegt und sind daher für Buggys gut geeignet. Die Wanderung kann dank einer übersichtlichen lokalen Karte der Forestry Commision längenmäßig an unterschiedliche Interessen und Laufstärken angepasst werden.

Start/Ziel: Parkplatz des Feshiebridge Forestry Commission & Sculpture Park westlich des Örtchens Feshiebridge, unweit der B970, GPS N 57°07.095' W 003°54.133'

10,2 km. Es ist auch möglich, nur den Frank Bruce Sculpture Trail zu laufen (4,5 km).

2 Std. 30 Min. bis 3 Std. (Sculpture Trail: 1 Std. 30 Min. bis 2 Std.)

116 m/116 m

245-308 m

Teile der Wanderung sind gut markiert (Frank Bruce Sculpture Trail: orange, Feshie Woodland Trail: gelb).

keine Einkehrmöglichkeit am Weg

Rastplätze/Sitzbänke am Sculpture Trail (km 0,75), am River Feshie (km 1,3) und an den Uath Lochans (km 5,8)

WC keine Toiletten am Weg

Besonders der Frank Bruce Sculpture Trail ist mit seinen gewundenen Pfaden und meterhohen Holzskulpturen für Kinder interessant.

Nur der Sculpture Trail ist für Buggys tauglich, ansonsten ist die Strecke aufgrund häufig matschigen Untergrunds und schmaler Wegstücke nicht geeignet.

Hunde müssen an Straßenabschnitten und im Skulpturengarten angeleint werden.

P kostenpflichtiger Parkplatz am Startpunkt

Täglich fährt nur ein Schulbus von Coylumbridge nach Feshiebridge, von dort ca. 500 m westlich bis zum Parkplatz des Sculpture Park. Die Anreise mit dem eigenen Pkw ist für diese Wanderung empfehlenswert.

Ihre Wanderung beginnt an der Informationstafel am hinteren Ende des Parkplatzes. Folgen Sie den orangefarbenen Markierungspfosten, die sogleich einige Meter aufwärts zu einem Forstweg führen. Hier geht es nach rechts. Nach wenigen Metern stehen Sie inmitten der großen Holzskulpturen (Seite 57), die der schottische Künstler Frank Bruce seit 1965 geschaffen hat. Er verwendete für seine Werke ausschließlich natürliche Materialien und wollte vor allem „abstrakte Archetypen" schaffen, die sein Interesse an Geschichte, Landschaft und Politik reflektierten.

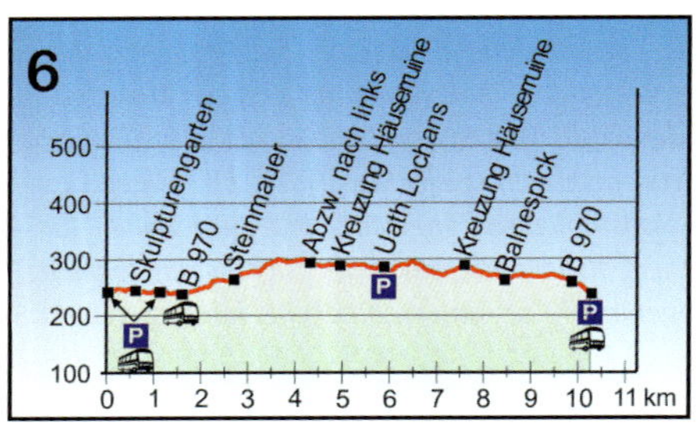

⌘ Der Trail führt Sie an 12 bis zu 6 m hohen Skulpturen vorbei. Fünf davon befinden sich in dem ehemaligen „Walled Garden" von Invereshie House (Reste der Mauer sind noch deutlich sichtbar).

Wenn Sie aus dem Garten wieder heraustreten, halten Sie sich links/geradeaus. Sie gelangen an einen breiteren Weg und folgen diesem nach rechts, bis Sie durch die Markierungspfosten wieder zum Parkplatz geleitet werden und ihn überqueren.

Der **Cairngorms National Park**, 2003 eröffnet, ist der jüngste und mit 3.800 km² der größte britische Nationalpark und Heimat der gleichnamigen Bergkette des Grampian-Massivs. In den Cairngorms steht mehr als ein Viertel des natürlichen Waldes von ganz Schottland und viele seltene und bedrohte Pflanzenarten finden hier noch eine Heimat. Der Cairngorms National Park besteht überwiegend aus Bergland, etwa 10 % seiner Fläche sind über 800 m hoch und vier der fünf höchsten Gipfel Großbritanniens befinden sich innerhalb der Parkgrenzen.

Damit stellen die Cairngorms die größte hochgebirgsähnliche Berggruppe der gesamten Britischen Inseln dar. Die meisten Straßen führen um den Nationalpark herum, sodass die wilde Berglandschaft natürlich geblieben ist. In den Cairngorms entspringen der Fluss Dee sowie einige Zuflüsse des Spey. Ihren Namen erhielt die Region vom Gipfel Cairn Corm.

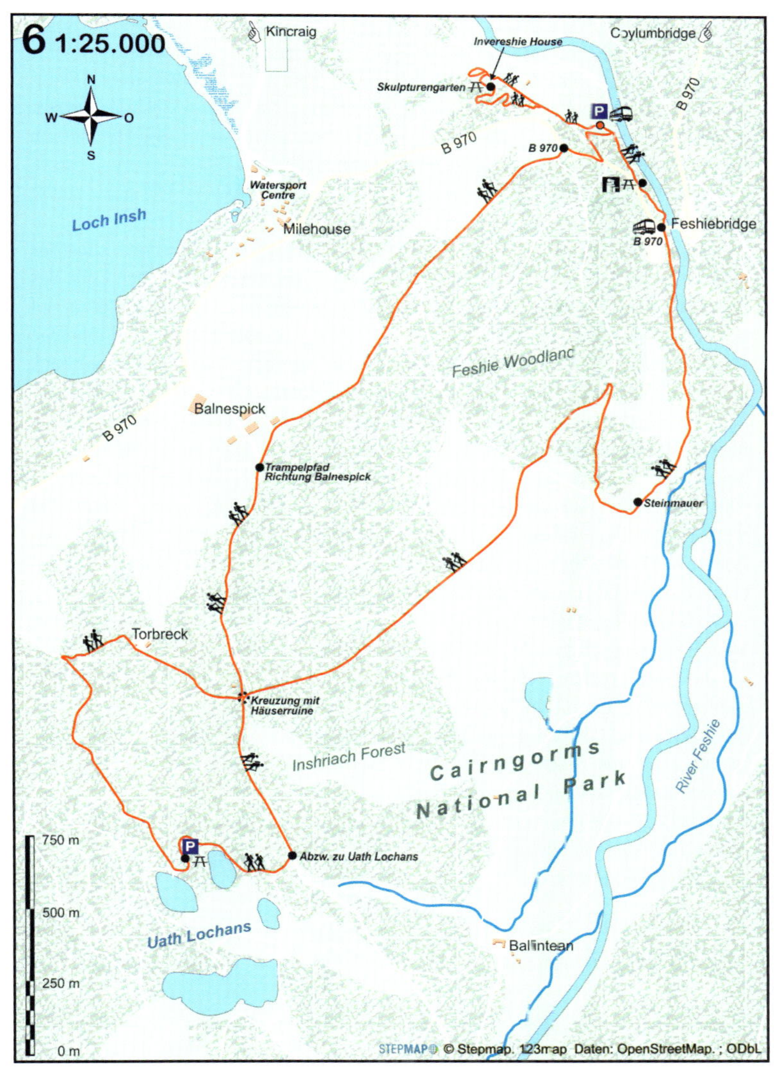
6 1:25.000
N
W
O
S
Kincraig
Coylumbridge
Inovereshie House
Skulpturengarten
B 970
B 970
B 970
Watersport Centre
Loch Insh
Milehouse
Feshiebridge
B 970
Feshie Woodland
Balnespick
B 970
Trampelpfad Richtung Balnespick
Steinmauer
Torbreck
Kreuzung mit Häuserruine
Inshriach Forest
Cairngorms National Park
River Feshie
750 m
500 m
250 m
0 m
Abzw. zu Uath Lochans
Uath Lochans
Ballintean
STEPMAP © Stepmap. 123map Daten: OpenStreetMap. ; ODbL

Der Tourismus spielt heute in der Region wirtschaftlich die wichtigste Rolle. Ausgangsorte für Touren in die Cairngorms sind Aviemore im Nordwesten, Pitlochry im Süden und Braemar im Tal des Dee. Jegliche Art von Outdooraktivitäten kann hier betrieben werden, häufig jedoch zum Nachteil des Naturschutzes. So sind die Cairngorms Zentrum des schottischen Skitourismus und Heimat von drei der fünf schottischen Skigebiete, inklusive Seilbahn.

www.cairngorms.co.uk

Die zweite Etappe dieser Wanderung führt Sie an die idyllischen Ufer des Feshie. Folgen Sie dazu den gelben Markierungen, die am nordöstlichen Ende des Parkplatzes (unweit eines Telegrafenmastes) beginnen. Nach wenigen Metern auf der Asphaltstraße zweigt der gelb markierte Flusspfad nach links ab und führt Sie zwischen Straße und Bachufer entlang. Schöne Ausblicke und eine Picknickbank laden zum Verweilen ein. Nach gut 1,5 km erreichen Sie eine Steinbrücke, unter der sich das Wasser des Feshie durch eine enge Schlucht drängt. Kreuzen Sie die Straße (B 970) und folgen Sie dem Track gegenüber – durch ein Gatter und vorbei an vier Häusern. Ihr breiter Weg erreicht nach gut 2,5 km ab dem Wanderstart eine Steinmauer, der Sie nach rechts durch eine Birkenpflanzung folgen und die Sie schließlich auf eine Forststraße führt. Laufen Sie hier nach links. Nun Achtung: Sie erreichen eine Gabelung und verlassen den Hauptweg nach links auf einen kleinen, oft feuchten Pfad, der im Winter als Langlaufloipe dient.

Kurz darauf gelangen Sie bei einer Häuserruine an eine kleine Asphaltstraße. Sie folgen dieser nach links, bis Sie 500 m weiter rechter Hand ein Hinweisschild für die Uath Lochans erblicken. Sie biegen rechts auf einen Forsttrack ab und gelangen kurz darauf an den Parkplatz für die Seewanderungen. Wasserlilien, Boardwalks und Libellen sorgen für eine verwunschene Atmosphäre. Picknickplätze laden zu einer Pause ein. Wenn Sie Ihre Wanderung verlängern wollen, können Sie die kleinen Seen umrunden.

Setzen Sie die Tour sonst hinter dem Parkplatz mit der roten Markierung fort. An der nächsten Gabelung geht es nach rechts. Wandern Sie nun knapp 1 km auf dem breiten Forstweg.

Bevor sich der Wald lichtet und Sie ins Freie gelangen, zweigt ein kleiner, unscheinbarer Trampfelpfad nach rechts in den Wald ab! Folgen Sie diesem.

Kurz darauf erreichen Sie am Anwesen Torbreck (gefleckter Boden) erneut einen breiten Track, der zur Ruine und zur Teerstraße führt. Gehen Sie diese nach links. Nach knapp 1 km verlässt ein Fahrtrack die Straße nach rechts, auf diesen biegen Sie ein. (Die Straße führt geradeaus abwärts zur B970.) Kurz darauf passieren Sie das Anwesen Balnespick (Ansiedlung des Bischofs) rechter Hand. Ihr Weg kann stellenweise durch gefallene Bäume blockiert sein – weichen Sie in größeren Bögen nach rechts/links aus. Nach knapp 10 km erreichen Sie wieder die Zufahrtsstraße zum Startpunkt. Hier wandern Sie kurz nach rechts und gleich darauf nach links und haben Ihr Ziel erreicht.

Frank Bruce Sculpture

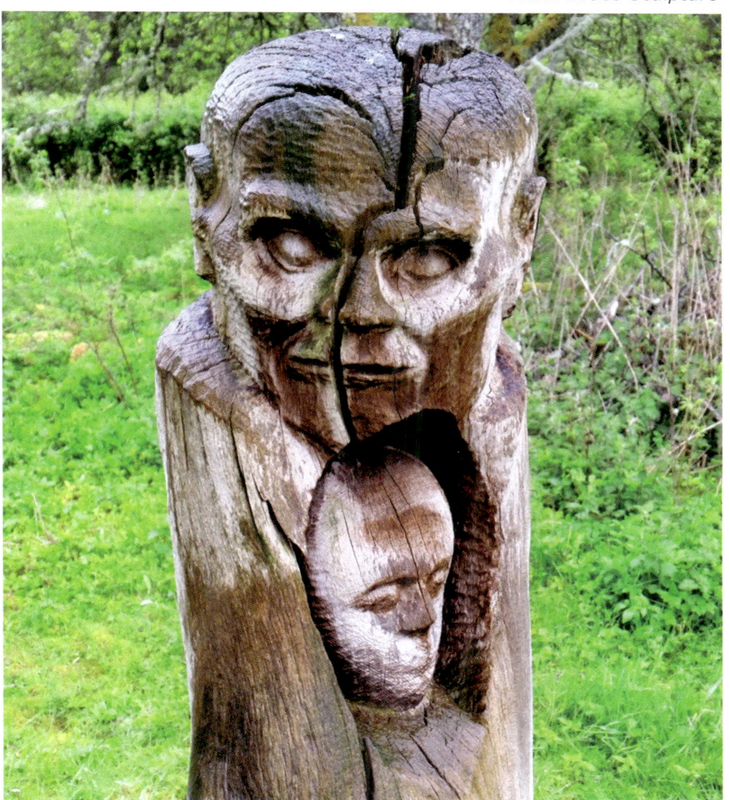

7 Panoramawanderung über den „runden Hügel des Schäfers“ – die Meall-a’Bhuachaille-Rundtour

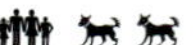

Tour für Naturliebhaber

Großartige Blicke über Loch Morlich, das Spey-Tal und die Cairngorms erwarten Sie bei dieser guten Einsteigertour in die Bergwelt des Nationalparks. Nach einer für die Region kurzen Anwanderstrecke über gut markierte und anfangs präparierte Wege kommen Sie an den Fuß des Berges und können auf deutlichen Pfaden seinen höchsten Punkt erklimmen und anschließend über den Grat drei weitere Gipfel erreichen. Ihr Rückweg führt Sie durch Forstwald zum „Badesee“ Loch Morlich. Falls Sie die Route verkürzen und dabei einige raue, feuchte und felsige Stellen auf dem Ridge (Grat) vermeiden wollen, können Sie direkt nach dem Bhuachaille zum Ausgangspunkt zurückkehren.

Start/Ziel: Glenmore Visitor Centre, GPS N 57°10.048' W 003°41.576'

15,9 km. Es ist möglich, die Strecke zu halbieren, indem man bereits nach dem ersten Gipfel ins Tal absteigt (8 km).

5 bis 6 Std. (Alternative: 3 bis 4 Std.)

730 m/730 m, steiler Aufstieg auf den ersten Gipfel und stellenweise gerölliger Abstieg

345-810 m

blaue Markierung für das erste Teilstück, orangefarbene Markierung für Teile des Rückweges

Glenmore Lodge Lochain Bar und Pinemartin Bar unweit des Campingplatzes in Glenmore

Café im Glenmore Forest Visitor Centre am Start/Ziel, Glenmore Shop

Rastmöglichkeit in der Bothy (km 3,9)

kleiner Shop mit angeschlossenem Café und Bar unweit des Campingplatzes in Glenmore

WC öffentliche Toiletten in Glenmore (Visitor Centre)

Strand von Loch Morlich zu Beginn der Tour. Das Baden im grünen See ist dagegen aufgrund von Blutegeln nicht empfehlenswert.

aufgrund der Länge und Steigung für Kinder nicht sehr geeignet, Höhepunkte: Lochan Uaine, Besuch einer Bothy und Ausblicke

nicht geeignet aufgrund schmaler, felsiger Wege, steiler An-/Abstiege sowie wegloser Strecken

Hunde können meist frei laufen. (Halten Sie sich aber an die in den Reise-Infos genannten Regeln!)

kostenpflichtige Parkmöglichkeit am Wanderstart

Es gibt eine regelmäßige Busverbindung zwischen Aviemore und Cairngorm Mountain Railway, Bus 31 kann direkt vor dem Visitor Centre halten.

Die Tour beginnt am Glenmore Forest Park Visitor Centre.

Glenmore Forest Park Visitor Centre, ☏ 014 79/86 12 20, scotland.forestry.gov.uk/forest-parks/ → Glenmore Forest Park → Glenmore Visitor Centre

Von dort führt eine Reihe von Markierungen zu umliegenden Wanderzielen. Sie folgen dem orange-blau-gelben Holzpflock, der Sie parallel zur Hauptstraße Richtung Osten leitet. Vor dem „Reindeer Centre" geht es links die Straße hoch. Kurz darauf führt Sie die Markierung an einer T-Kreuzung nach rechts. Ein breiter Forstweg windet sich gemütlich aufwärts und Sie können rechter Hand Blicke ins Tal und auf die Spuren der Skipisten werfen.

Ihr Weg schwenkt Richtung Norden auf den Ryvoan-Pass zu. Nach knapp 2 km endet der Forsttrack. Jetzt beginnt ein schmaler, felsiger, interessanter Bergpfad, der sich zwischen Scots Pines und Birken abwärts windet, Bäche kreuzt und über Holzstege führt.

Nach etwa 15 Min. erreichen Sie eine Kreuzung (der rot/blau markierte Pfad aus dem Tal stößt von rechts hinzu) und gleich darauf stehen Sie am An Lochan Uaine – dem kleinen grünen See, wenn man den gälischen Namen übersetzt. Ein ideales Plätzchen für eine Pause.

Sprachen in Schottland

Die offizielle Amtssprache in Schottland ist Englisch. Das in Schottland gesprochene Englisch – Scots oder Schottisch – weist jedoch deutliche Unterschiede zum Hoch- oder Oxford-Englisch und eine große regionale Breite auf. Scots entwickelte sich unter dem Einfluss anderer europäischer Sprachen aus einer nördlichen Form des Old English. Bis zum späten Mittelalter war es die wichtigste formale Landessprache, verlor jedoch im Zeitalter der Reformation, Vereinigung der Kronen (mit Umzug des schottisch-englischen Königshauses nach London) und der Aufklärung zunehmend an Bedeutung gegenüber dem Englischen. Lediglich in Poesie, Liedkunst und Alltagssprache der einfachen Bevölkerung konnte die Sprache überleben. Inzwischen genießt sie auch in der breiten Gesellschaft wieder mehr Respekt, nachdem sie lange stiefmütterlich behandelt wurde. Der bekannteste Vertreter der Sprache, der Volkspoet Robert Burns, wird uneingeschränkt gefeiert. Offiziell spricht heute ca. ein Drittel der Bevölkerung Scots. Die Sprachgrenzen sind jedoch sehr verschwommen, vom reinen Schottisch bis zum Englisch mit schottischem Akzent.

Definitiv eine eigene Sprache ist Gälisch. Die alte keltische Sprache – eng mit dem Irischen und Manx (Isle of Man) verwandt – etablierte sich in Schottland dank der irischstämmigen Skoten an der Westküste. Ihren Höhepunkt erreichte die Sprachverbreitung im 11. Jh., als selbst König und Hof Gälisch sprachen. Ab dem 17. und 18. Jh. setzte jedoch im Süden und Osten Schottlands die Anglisierung ein. Im westlichen Hochland konnte sich die angestammte Sprache noch bis zum 19. und 20. Jh. halten.

Das Zurückdrängen des Gälischen wurde vor allem durch äußere Einflüsse bedingt, u. a. den Zusammenbruch der Clan-Gesellschaft nach 1745 und die Einführung der allgemeinen Schulpflicht 1872 mit ausschließlicher Verwendung des Englischen. Heute kämpft die Sprache ums Überleben. Trotz vielerlei Bestrebungen – gälische Bücher, Radio- und Fernsehsendungen, gälische Grundschulen und ein gälisches College auf der Isle of Skye – sprechen nur noch knapp 1,1 % der Bevölkerung fließend Gälisch. Lediglich auf einigen Hebriden-Inseln ist Gälisch tägliche Umgangssprache.

Anders als im alltäglichen gesellschaftlichen Leben ist das Gälische in der schottischen Landschaft jedoch auch heute noch sehr präsent. Nahezu alle Orts-, Fluss-, Berg- und Talbezeichnungen sind gälischen Ursprungs und begegnen dem Wanderer in Karten und Beschreibungen auf jeder Tour.
Hier die wichtigsten gälischen Begriffe:

allt	Bach, Flüsschen
aonach	Grat, Gebirgskamm
bealach	Bergpass (zwischen zwei Bergen)
beinn, ben (anglisiert)	Berg
bidean	Gipfel
càrn, cairn (anglisiert)	Steinhügel/-pyramide, Steindenkmal, Wegmarkierung
col	Bergpass
coire, corrie (anglisiert)	Bergkessel, Kar

creag, crag (anglisiert)	Felsen, Felsbrocken, Gestein, Klippe
druim	Grat, Bergrücken
eas	Wasserfall, Kaskade
eilean	Insel
glas	grau
gleann, glen (anglisiert)	(enges) Tal
caol, kyle (anglisiert)	Meerenge
lairig	(tief eingeschnittener) Bergpass
linne, linn (anglisiert)	Pool, (Wasser-)Becken (oft unter einem Wasserfall)
loch	See
meall	Hügel (rundlich)
rubha	Landzunge
sgùrr	kantiger Felsen
srath, strath (anglisiert)	(breites) Tal
stac	Gipfel, Felsspitze
steal	Wasserfall
stob	felsiger, spitzer Gipfel

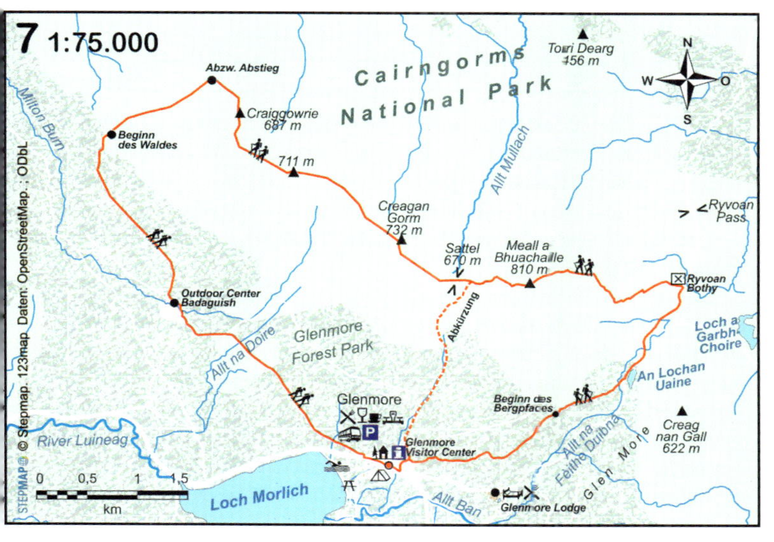

Ihr Weg führt links weiter (orange), auf einem breiten Track aufwärts. Sie ignorieren die nächste Abzweigung nach rechts (Braemar) und erreichen nach knapp 4 km die idyllisch gelegene Ryvoan Bothy (Bedeutung möglicherweise: Sommeralm des wie ein Unterarm geformten Stück Landes). Nun beginnt der Aufstieg zum ersten Gipfel des Tages. Vor der Schutzhütte führt ein felsiger Pfad links aufwärts. Sie wandern zunächst steil die Flanke bergan, an Holzpfosten mit kleinen Infotafeln vorbei, bevor Serpentinen den Anstieg etwas erleichtern.

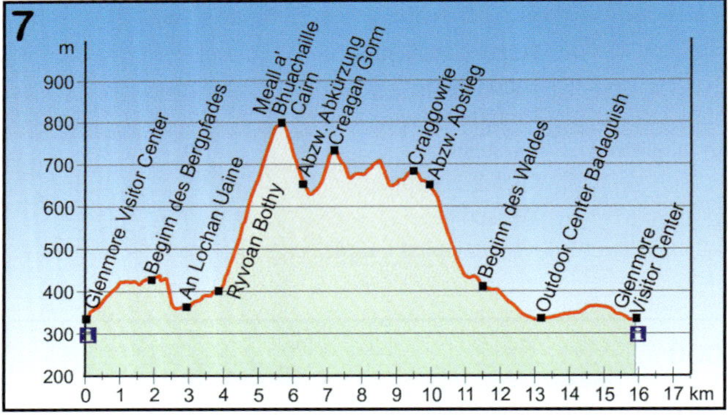

Nach 5,7 km haben Sie schließlich die Steinpyramide auf dem Corbett Meall a' Bhuachaille (der runde Hügel des Schäfers) erreicht und können Ihren Blick über die beeindruckende Berglandschaft der Cairngorms und Loch Morlich schweifen lassen. Wenn Sie Richtung Westen blicken, erkennen Sie deutlich Ihre weitere Route. Eine steinerne Mauer bietet Ihnen Schutz vor den hier häufig jagenden Winden.

Sie steigen nun auf dem guten felsigen Pfad abwärts zu einem Sattel auf 670 m Höhe. Falls Sie bereits genug Höhenluft geschnuppert haben, können Sie hier Ihre Wanderung abkürzen, indem Sie den weiter abwärts führenden Weg südlich ins Tal nehmen. Er bringt Sie wieder ans Glenmore-Besucherzentrum (orangefarbene Pfosten). Ansonsten gehen Sie jedoch an der Abzweigung geradeaus und erneut aufwärts zu Ihrem nächsten Ziel, dem Craegan Gorm (kleiner blauer Felsen) mit der obligatorischen Gipfelpyramide (kurz vorher passieren Sie übrigens eine weitere Cairn). Der nächste Abstieg ist recht felsig und erfordert Ihre ganze Aufmerksamkeit.

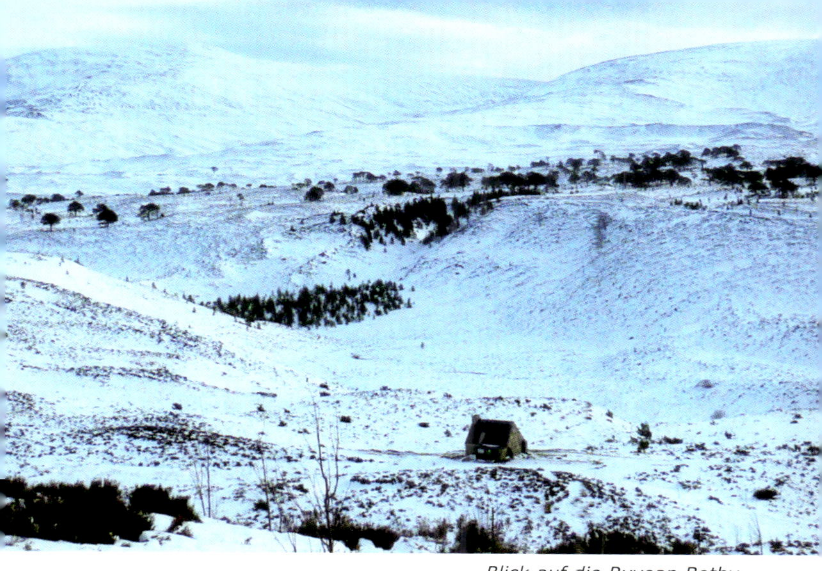

Blick auf die Ryvoan Bothy

Ihr Weg folgt in stetem Auf und Ab dem Bergrücken, vorbei an einer Reihe von Steinhaufen. Stets ändert sich die Perspektive. Sie erreichen schließlich den Gipfel Craiggowrie, ⇧ 687 m (Felsen der Ziege) und erblicken in nördlicher Richtung Boat of Garten. Nach weiteren 400 m erreicht der Pfad die Reste eines alten Zaunes und schwenkt abwärts in Richtung Forstplantage (süd-/südöstlich). Sie stoßen auf orangefarbene Markierungen.

Im Wald treffen Sie schließlich auf einen breiteren Forstweg, dem Sie nach links folgen. Dieser führt Sie nach insgesamt 13 km zum Badaguish (Platz der schottischen Kiefer) Outdoor Centre – hier halten Sie sich auch wieder links. Das Outdoor Centre wird von einer gemeinnützigen Stiftung geleitet, die vor allem Menschen mit Behinderungen Freiluftaktivitäten ermöglichen will. Laufen Sie durch die Siedlung, bis Sie am Ende auf einen weiteren Abzweig treffen. Sie gehen nach links und dann durch eine grüne Schranke. Die letzten Kilometer verlaufen nun entlang eines breiten, bequemen Fahrtracks. Dieser zieht sich zunächst am Waldrand entlang, macht eine Linkskurve (an der nächsten Gabelung geradeaus/rechts) und endet schließlich direkt an der Auffahrt der SYHA-Jugendherberge. Halten Sie sich hier links und nach wenigen Metern stehen Sie wieder auf dem Parkplatz des Besucherzentrums.

8 Rundtour durch die Monadhliath

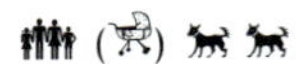

Tour für Naturliebhaber

Diese Tour führt Sie in eine eher unbeachtete Region des Cairngorms National Park. Die Monadhliath Mountains (graue, sanft geschwungene Bergkette) westlich von Aviemore stechen mit sanften Hügel, düsterer Einsamkeit und weiten Moorlandschaften zunächst wenig ins Auge. Sie bieten jedoch eine Hochland-Atmosphäre besonderer Art und fantastische Blicke auf die benachbarten Cairngorm-Berge. Aufgrund wegloser Strecken und schwierigen Untergrunds fordert die Tour einige Kraft, Trittsicherheit und Orientierungssinn. Der erste Teil der Wanderung verläuft auf der Burma-Road-Route von Aviemore nach Carrbridge. Wenn Sie diese verlassen, beginnt Ihr Abenteuer. Streckenweise weglos steigen Sie auf den Gipfel des 742 m hohen Bergs Geal-charn Beag. Dann geht es auf Trampelpfaden abwärts in Richtung Aviemore. Das letzte Stück wandern Sie auf überwachsenen, verwunschenen Forstwegen zurück ins touristische Zentrum der Region Strathspey.

Start/Ziel: Bahnhof Aviemore, GPS N 57°10.048' W 003°41.576'

17,5 km

4 Std. 30 Min. bis 5 Std. 30 Min.

566 m/566 m

210-742 m

nur zwei Markierungen für die Burma Road

nur am Start/Ziel: zahlreiche Einkehrmöglichkeiten in Aviemore

keine Rastplätze/Sitzbänke

nur am Start/Ziel: zahlreiche Einkaufsmöglichkeiten in Aviemore

WC nur am Start/Ziel: öffentliche Toiletten in Aviemore (Grampian Road)

aufgrund des Mangels an „Highlights", der schwierigen Wegbeschaffenheit und der Länge für Kinder nicht sehr interessant

Der Burma-Road-Track eignet sich für geländetaugliche Buggys, man kann daher die Strecke bis zum Alistair Polson Monument laufen.

zwei hohe Zaunüberstiege (Hunde müssen getragen werden), frei laufende Schafe, Leinenpflicht an der Straße und im Wald kurz vor Aviemore (letzte 3 km)

P mehrere Parkplätze in Aviemore

nationale und lokale Busverbindungen (Haltestelle am Bahnhof), Zugverbindung nach Nord und Süd

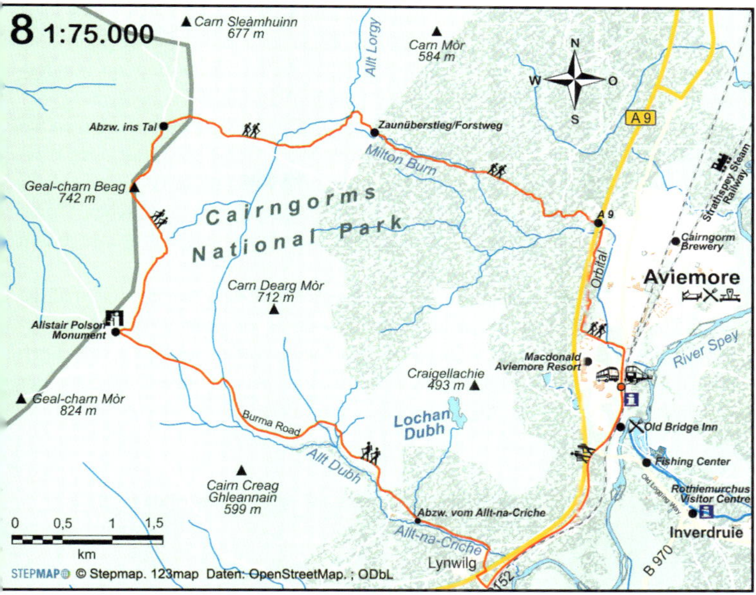

8 1:75.000

Carn Sleàmhuinn 677 m
Carn Mòr 584 m
Allt Lorgy
N
W
O
S
A 9
Abzw. ins Tal
Zaunübersteig/Forstweg
Milton Burn
Geal-charn Beag 742 m
Cairngorms National Park
Strathspey Steam Railway
A 9
Cairngorm Brewery
Orbital
Aviemore
Carn Dearg Mòr 712 m
Alistair Polson Monument
Macdonald Aviemore Resort
River Spey
Craigellachie 493 m
Geal-charn Mòr 824 m
Lochan Dubh
Old Bridge Inn
Burma Road
Allt Dubh
Fishing Center
Cairn Creag Ghleannain 599 m
Rothiemurchus Visitor Centre
Old Logging Way
Abzw. vom Allt-na-Criche
Inverdruie
Allt-na-Criche
0 0,5 1 1,5
km
B 970
Lynwilg
152
STEPMAP © Stepmap. 123map Daten: OpenStreetMap. ; ODbL

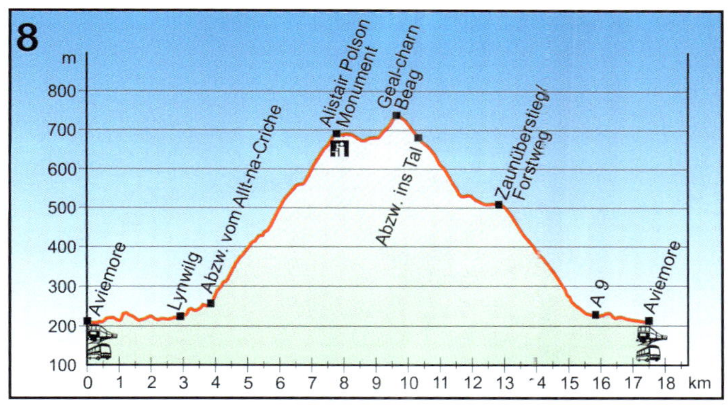

Die Tour beginnt und endet am Bahnhof von Aviemore. Das erste Stück führt leider an der Straße B9152 entlang. Laufen Sie aus dem Ort Richtung Süden. Sie passieren einen Kreisverkehr und gehen parallel zur Eisenbahn und zur Bundesstraße A9. Nach 2,5 km gelangen Sie an einen Abzweig Richtung Lynwilg, der Sie zunächst an die belebte A9 bringt. Kreuzen Sie sie vorsichtig und folgen Sie etwas rechts versetzt der kleinen Straße in den Weiler Lynwilg (sprudelndes Wasserbecken). Sie erreichen eine Kreuzung, an der Sie ein Right of Way Marker links zur Burma Road weist. Dieser breite, nach einer berühmten asiatischen Straße benannte Granit-Track verläuft von Aviemore nach Carrbridge und wurde in den 1940er-Jahren von Kriegsgefangenen gebaut.

Sie wandern nun knapp 1 km entlang des Allt-na-Criche-Baches (Grenzfluss) durch einen idyllischen Birkenwald, bis Sie erneut auf ein grünes Wanderhinweisschild treffen. Hier gibt es Platz für zwei, drei Autos. Gehen Sie nach rechts durch ein Gatter und auf einem Schotterweg aufwärts. Wunderbare Exemplare der endemischen schottischen Kiefer begleiten Ihren Weg.

Allt na Criche

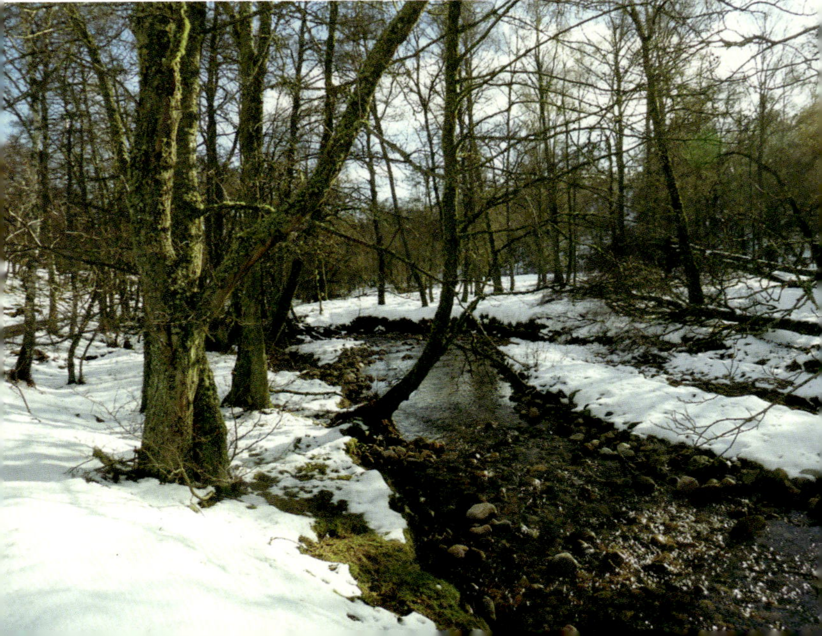

Nach einem weiteren Gatter stößt Ihr Weg auf einen von links kommenden, rötlichen Fahrtrack, der Sie nun bis zum Sattel zwischen den beiden Bergen Geal-charn Mòr und Geal-charn Beag (großer/kleiner weißer Berg) bringt. 3,5 km lang wandern Sie bequem fast 400 Höhenmeter aufwärts. Ihr Blick kann weit schweifen und immer wieder nehmen Schafe vor dem Wanderer Reißaus. Sie erreichen zwei Steinpyramiden und das Monument für Alistair Polson, einen lokalen Wildhüter, und können weit westlich auf die Monadhliath-Berglandschaft schauen. Im Hintergrund erblicken Sie eine Reihe von Windrädern. Deutlich sehen Sie im Tal den weiteren Verlauf der Burma Road, die bis nach Carrbridge führt.

Monadhliath bezeichnet ein Bergmassiv, das westlich der Region Strathspey und südöstlich von Loch Ness liegt und in den Cairngorms National Park hineinragt. Es unterscheidet sich deutlich in Form und Charakter von anderen Bergregionen. Vor über 400 Millionen Jahren entstanden, zeigt die Monadhliath kaum Spuren der Eiszeiten, die sonst stark landschaftsbildend gewirkt haben. Weder ausgeprägte Berggrate noch tiefe Kare oder definierte Talbecken stechen ins Auge. Stattdessen bestimmen sanfte Berghänge, hoch liegende Moorfelder und baumlose Wildnis das Bild. Vier Munros zählen zu den Monadhliath-Bergen, der höchste davon Càrn Dearg (roter Berg) mit 945 m.

Bis vor wenigen Jahren galt die Region als abgelegen und trostlos und wurde kaum von Wanderern und Touristen besucht. Leider änderte sich dies durch ein verstärktes Interesse der Energiegesellschaften. Breite Zufahrtsstraßen durchschneiden heute Teile der Monadhliath, gebaut zur Errichtung riesiger Windturbinen und Wasserkraftwerke.

Jetzt beginnt Ihr Abenteuer. Sie verlassen den breiten Weg, um streckenweise weglos auf den 742 m hohen Geal-charn Beag zu steigen. Gehen Sie dazu in nördliche/nordöstliche Richtung. Nach wenigen Metern stoßen Sie auf eine Fahrspur, der Sie zeitweise folgen können. Der Untergrund kann sehr feucht sein und Sie müssen immer wieder „Torfhexen"/*peat hags* (Torflöchern) ausweichen. Zur Orientierung dient Ihnen die Bergspitze, die leicht links vor Ihnen liegt. Sollten Sie unterhalb dieser an einen Zaun gelangen, folgen Sie diesem aufwärts, bis Sie die Gipfelpyramide erreichen. Sie müssen in jedem Fall den Zaun an einer einfachen Stelle übersteigen. Genießen Sie den Ausblick, bevor der schwierigste Teil Ihrer Wanderung beginnt.

Sie folgen zunächst einem deutlichen Fahrtrack in nördliche Richtung, abwärts zu einem Sattel. (Der Weg ist zur Cairn etwas östlich versetzt, aber schnell zu

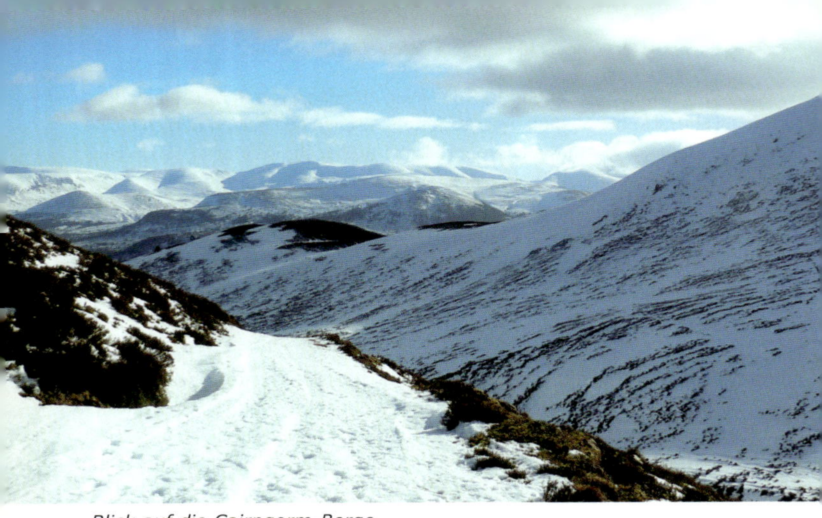

Blick auf die Cairngorm-Berge

finden. Er führt geradeaus zum nächsten Gipfel, Càrn Sleamhuinn (glatter Berg). Bevor Sie den Sattel erreichen, führt eine breitere Einbuchtung des Tracks nach rechts. Die nächsten 2 km müssen Sie sich selbst einen Weg suchen. Der Untergrund ist sehr anspruchsvoll. Wenn Sie abwärts ins Tal blicken, können Sie rechter Hand einen Taleinschnitt sehen (zwischen Geal-charn Beag und dem benachbarten Carn Dearg Mòr). Östlich davon (also für Sie dahinterliegend) können Sie eine Waldspitze erkennen. Diese dient Ihnen als Orientierungspunkt. Steigen Sie umsichtig stets abwärts. Tiefes Heidekraut, kleine Bäche, Moorlöcher und Heidebüschel stellen Ihre Trittsicherheit auf die Probe. Halten Sie immer wieder inne, um sich zu orientieren und die hier lieblich anmutende Landschaft zu genießen. Einzelne schottische Kiefern lockern die Heide auf.

Bald erblicken Sie einen hohen Tierzaun. Auf diesen können Sie zugehen. Wenn Sie ihn erreicht haben, laufen Sie in nördliche Richtung an dem Zaun entlang (nach links). Er macht einen Bogen und führt Sie zu einem hohen Zaunübertritt. (Es ist empfehlenswert, diesen nicht zu früh anzusteuern, da das Gelände direkt am Zaun entlang nicht einfach zu gehen ist.) Sie haben es geschafft! Den Rest der Wanderung können Sie nun wieder einem Weg folgen. Ein alter, überwachsener Forsttrack führt Sie abwärts, zurück nach Aviemore. Zunächst kann es noch sehr matschig und sumpfig sein, aber die Orientierung ist klar. Nach einigen Hundert Metern erreichen Sie einen weiteren Übersteig, jetzt wird der Forstweg etwas solider. An einer Gabelung halten Sie sich rechts. Forstarbeiten können das Weiterkommen behindern. Ein kleiner, weicher Trampelpfad (links) führt Sie um eine besonders feuchte, ausgewalzte Stelle herum. Bald werden Sie die ersten Autogeräusche vernehmen, die Straße kommt näher und Sie erreichen schließlich eine Neubausiedlung.

Aviemore ist der Hauptort der Region Speyside und das touristische „Eingangstor" zum Cairngorms National Park. Bis in die 60er-Jahre des 20. Jh. nur ein kleines Dorf mit Bahnhof, entwickelte sich die Siedlung nach Eröffnung des größten Skigebiets Schottlands zum Winter- und Bergsportzentrum der Region. Leider konnte die Ursprünglichkeit dem Touristenansturm nicht standhalten. Heute ist Aviemore mit Hotels, Outdoor-Läden und -Veranstaltern, Restaurants etc. übersät und oft überfüllt. Dank der guten Infrastruktur wurde das Örtchen zudem in den letzten Jahren als Wohnort attraktiv und zahlreiche Neubausiedlungen entstanden in der Umgebung. Auch die Ernennung der Cairngorms zum Nationalpark konnte den Trend nicht aufhalten. Neben einem guten Wandernetz bietet der Ort zahllose weitere Freizeitmöglichkeiten wie Reiten, Paddeln, Klettern, Fischen, Schlittenfahren und Mountainbiking. Seit Mai 2002 führt zudem eine 1,8 km lange Bergbahn (Funicular) bis knapp unter den Gipfel des Cairn Gorm. Große und kleine Eisenbahnfans können mit der Strathspey Steam Railway von Aviemore nach Broomhill fahren.

Laufen Sie in der Siedlung angekommen nach links und folgen Sie der Straße (Kurve), kleine Seitenstraßen ignorierend. Sie passieren die geschäftige A9 diesmal sicher durch eine Unterführung. Nun Achtung: Sie haben zwei Möglichkeiten. Wenn Sie geradeaus weitergehen, erreichen Sie nach ca. 300 m die Hauptstraße. Hier gehen Sie nach rechts und haben nach 1,5 km Ihr Ziel erreicht.

Sie können jedoch der Straße auch noch etwas fernbleiben und stattdessen den Aviemore Orbital wandern. Dazu biegen Sie kurz nach der Unterführung rechts ab (grüner Pfeil an einem Holzpfosten) und laufen einen kleinen Weg entlang, der Sie zum Macdonald Aviemore Resort bringt. Folgen Sie hier der Straße zweimal nach links und Sie stehen wieder auf der Hauptstraße, unweit des Bahnhofes (rechts).

i Visit Scotland Aviemore „i" Centre / Touristeninformation, 7 Grampian Rd, Aviemore, ☏ 014 79/81 09 30, www.visitscotland.com/info/services/aviemore-information-centre-p332791, 9:00-18:30, So 9:30-18:00

9 Vom Rande der Speyside ins Herz der Cairngorms – von Nethy Bridge bis nach Glenmore

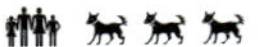

Tour für Naturliebhaber

Diese klassische Viehtreiberroute von Nethy Bridge bis nach Glenmore führt Sie über den Ryvoan-Pass nach Glenmore, ins Herz des Nationalparks mit vielen Freizeitmöglichkeiten. Entlang des idyllischen Nethy-Flusses (einem Zulauf des River Spey) wandern Sie durch die interessante Waldlandschaft des Abernethy National Nature Reserve, bevor Sie durch weite Heidelandschaft zur kleinen Ryvoan Bothy aufsteigen. Wunderbare Blicke auf die Cairngorm-Berge eröffnen sich Ihnen auf dieser gut präparierten Strecke. Ein Highlight beim Abstieg ist der traumhaft gelegene kleine Lochan an Uaine. Die Tour endet an den Ufern des schönen Loch Morlich, der zu einem Bad einlädt. Im Glenmore Visitor Centre können Sie sich über weitere Trips und Touren für Groß und Klein informieren.

→ Start: Nethy Bridge (Zentrum), GPS N 57°15.895' W 003°39.464'; Ziel: Glenmore Visitor Centre, GPS N 57°10.044' W 003°41.618'

16,7 km

4 Std. 30 Min. bis 5 Std. 30 Min.

↑ ↓ 470 m/390 m

⇧ 192-410 m

vereinzelt grüne Hinweistafeln, ab der Ryvoan Bothy blaue Markierung

Einkehrmöglichkeiten am Ziel: Glenmore Lodge Lochain Bar, Pinemartin Bar unweit des Campingplatzes in Glenmore

Picknickbänke am Start, Rastmöglichkeit in der Ryvoan Bothy (km 12,5)

Shop an der Brücke beim Wanderstart in Nethy Bridge, kleiner Shop mit angeschlossenem Café und Bar unweit des Campingplatzes in Glenmore

WC öffentliche Toiletten in Nethy Bridge und Glenmore

Strand von Loch Morlich (nahe dem Ziel). Das Baden im „grünen See" ist aufgrund von Blutegeln nicht empfehlenswert.

etwas lang und ohne große Highlights für Kinder, idyllischer Stop am Lochan an Uaine

längere Strecken auf Forstwegen, aber wegen der Flusskreuzung und des häufig geröllige Untergrunds trotzdem schlecht geeignet

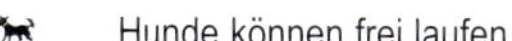

- Hunde können frei laufen.
- **P** kein öffentlicher Parkplatz in Nethy Bridge, aber Parkmöglichkeiten
- Der Stagecoach-Bus 34 verbindet Nethy Bridge mehrmals täglich mit Grantown und Aviemore, Haltestelle an der Brücke. Zwischen Aviemore und Glenmore verkehrt regelmäßig die Linie 31.
- ☺ Diese Wanderung lässt sich gut mit Tour 10 zu einer Zweitagestour kombinieren. Übernachtungsmöglichkeiten sind in Glenmore ausreichend vorhanden: Campingplatz, schöne SYHA-Jugendherberge, Bed & Breakfasts und Unterkunft in der Glenmore Outdoor-Lodge.

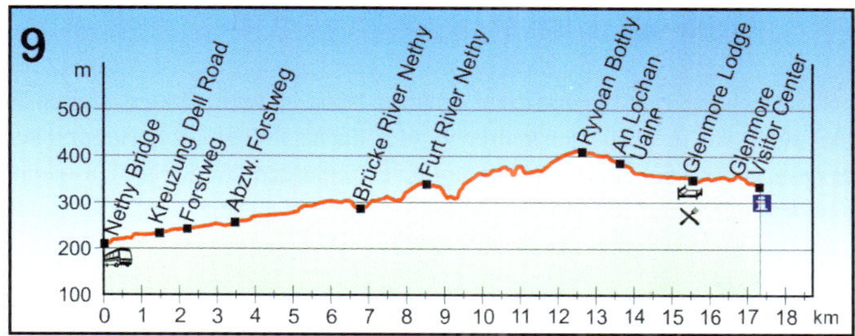

Das kleine Örtchen Nethy Bridge ist seit der Viktorianischen Zeit dank der idyllischen Umgebung ein touristisches Reiseziel. Einst war Nethy Bridge Zentrum der Holzindustrie, heute stellt der Tourismus die Haupteinnahmequelle dar. Die Siedlung liegt direkt am beliebten Speyside-Fernwanderweg. Eine hübsche dreibogige Brücke, von Thomas Telford 1810 erbaut, spannt sich im Ortszentrum über den Fluss Nethy.

Der **Speyside Way** ist einer der vier offiziellen Fernwanderwege Schottlands. Eröffnet 1981, führt die 105 km lange Route entlang des Flusses Spey durch das Herz der Whisky-Region Speyside – zunächst von Spey Bay nach Ballindalloch. Ein Abstecher nach Tomintoul wurde im Jahr 1990 hinzugefügt. 1999 verlängerte man die Route in nördliche Richtung bis nach Buckie, ein Jahr darauf in südwestliche Richtung bis nach Aviemore. Dadurch stellt der Speyside Weg heute eine Verbindung von der Moray-Küste bis zu den Ausläufern der Grampian Mountains dar.

Der bekannteste und meistgelaufene Fernwanderweg Schottlands ist jedoch der südwestliche „Nachbar“ des Speyside Way. Von Milngavie (bei Glasgow) bis

Fort William führt der West Highland Way auf 152 km Länge über 50.000 Wanderer jährlich auf alten Viehtreiberwegen, Militärstraßen, Wanderpfaden und ehemaligen Eisenbahntrassen an den Fuß des höchsten Berges von Großbritannien. Die beiden anderen offiziellen Fernwanderwege Schottlands sind der anspruchsvolle Southern Upland Way (340 km) und der Great Glen Way (110 km). Darüber hinaus gibt es noch eine große Zahl weiterer *long distance trails.*

- „Schottland: Speyside Way – Whisky Trail" von Hartmut Engel, Conrad Stein Verlag, OutdoorHandbuch Band 43, ISBN 978-3-86686-043-8, € 12,90
- „Schottland: West Highland Way" von Hartmut Engel, Conrad Stein Verlag, Outdoor-Handbuch Band 26, ISBN 978-3-86686-371-2, € 14,90

Ihre heutige Tour beginnt beim örtlichen Shop in Nethy Bridge. Gehen Sie die Dell Road vor der Brücke nach rechts (der Bachlauf liegt linker Hand). Hier gibt es ein paar Picknickbänke und eine Infotafel, außerdem Wegweiser für die lokalen Wanderrouten und die Fernwanderwege. Folgen Sie dem Riverwalk bis Upper

River Nethy

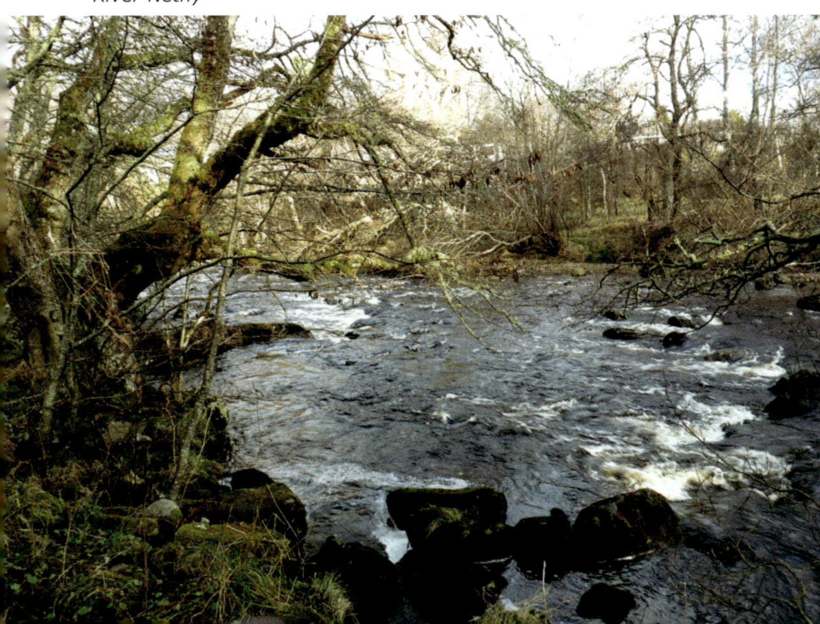

Dell. Laufen Sie dazu am Bach entlang, immer den grünen Pfeilen folgend, bis Sie nach 1 km bei Upper Dell wieder auf ein geteertes Sträßlein treffen. Gehen Sie nicht über die Fußgängerbrücke auf der linken Seite, sondern laufen Sie an dem Sträßchen entlang, bis Sie bei km 1,5 wieder auf die Dell Road treffen. Hier verlassen Sie nun die grüne Beschilderung und biegen links ab. Nach 500 m, kurz hinter der Dell Lodge, geht die Straße in einen Waldweg über und Sie betreten das Abernethy National Nature Reserve.

Der **Abernethy Forest** stellt ein wichtiges Naturreservat in Schottland dar. Auf 130 km² finden sich noch heute die neben dem Rothiemurchus Estate größten zusammenhängenden Bestände des ursprünglichen kaledonischen Waldes (☞ Tour 5). Vor allem die Schottische Kiefer (Scots Pine) hat im Schutzgebiet, das sich im

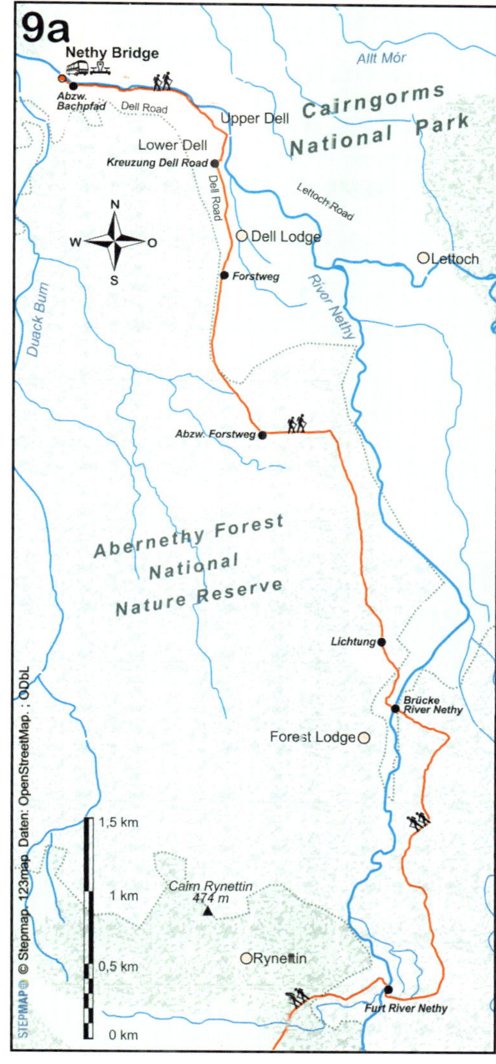

Besitz der RSPB (Royal Society for the Protection of Birds) befindet, beste Voraussetzungen, sich von den jahrhundertelangen Eingriffen durch Menschenhand zu erholen und erneut auszubreiten.

Nichts symbolisiert diese langsame Wiedergeburt des Waldes so sehr wie die Rückkehr des Fischadlers, der 1899 in Schottland komplett ausgerottet war. Als sich in den 50er-Jahren erstmals wieder ein Adlerpaar in einer abgestorbenen Kiefer am Loch Garten niederließ, wurde die RSPB umgehend aktiv. Sie sorgte dafür, dass die Brutstätte geschützt wurde, und startete ein Programm zur Sensibilisierung der Öffentlichkeit. Heute gibt es im Osprey Centre am Loch Garten Beobachtungspunkte für die Brutstätten und ein gutes Netz von Wanderwegen im Wald. Inzwischen kehren jedes Jahr mehr Fischadler nach Schottland zurück. Schottland ist Heimat für etwa 100 Paare.

Hier finden Sie einen Wegweiser nach Glenmore über Forest Lodge und Ryvoan. An diesem orientieren Sie sich zunächst. Nach gut 1 km im Wald – insgesamt knapp 3,5 km Wanderstrecke – erreichen Sie eine Wegkreuzung, an der Sie nach links abbiegen und einem Waldweg leicht ansteigend folgen. Der Weg schwenkt

Farm bei Nethy Bridge

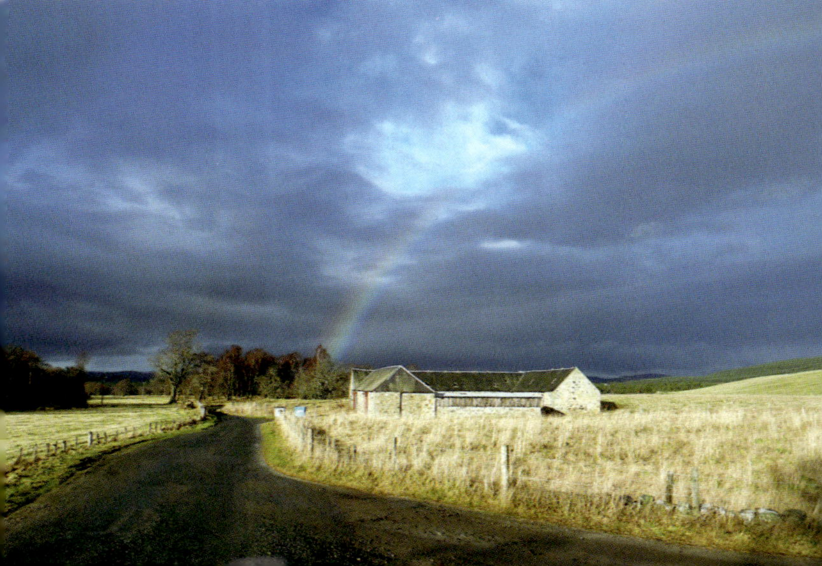

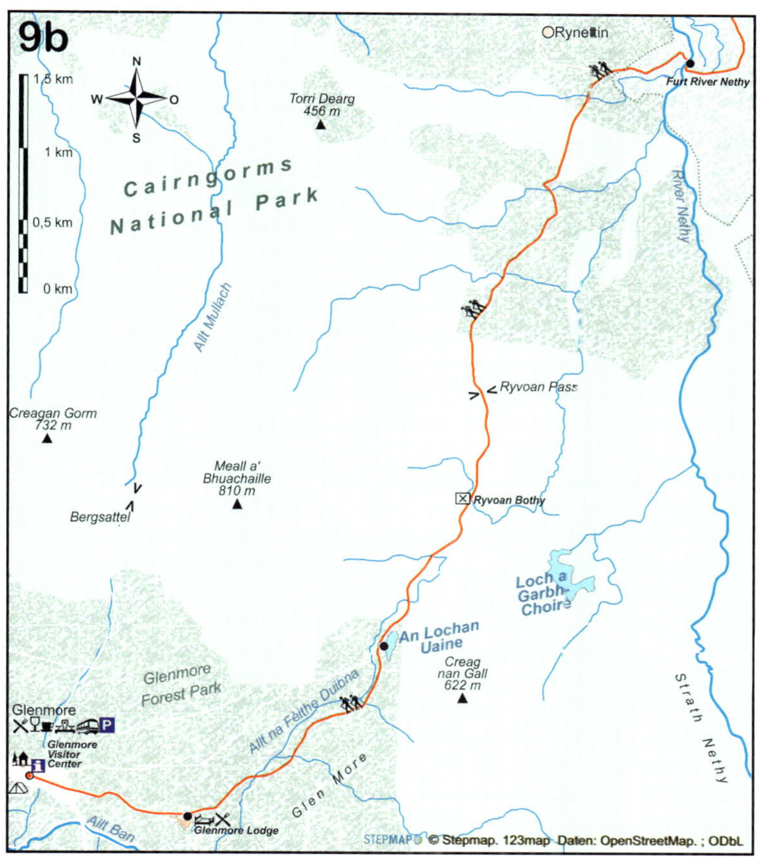

bald weit nach rechts und führt Sie tiefer in das Gehölz hinein. Ignorieren Sie einen Weg nach links (gut 1 km nach der Kurve) und gehen Sie geradeaus weiter, bis Sie kurz danach zu einer Lichtung und einer Kreuzung gelangen. Hier laufen Sie nach links zur Brücke über den River Nethy. (Nicht den Weg nach rechts nehmen, der mit „Forest Lodge“ gekennzeichnet ist.)

Sie überqueren die Brücke und wandern erneut in den Wald hinein. Nach 400 m kommen Sie an eine weitere Gabelung. Folgen Sie dem deutlichen Forstweg nach rechts. Dieser Track führt Sie um die Forest Lodge herum und nach etwa 500 m erreichen Sie erneut eine Kreuzung. Jetzt Achtung: Laufen Sie hier nach rechts. Bald erreichen Sie wieder den Fluss Nethy. Kreuzen Sie diesen vorsichtig durch eine Furt. (Bei ungewöhnlich hohem Wasserstand müssen Sie zur Brücke zurückgehen. Dahinter folgen Sie links dem Schild „Forest Lodge" und gehen an den nächsten beiden Kreuzungen kurz hintereinander wieder links. Sie erreichen so die Furt auf der westlichen Seite.)

Ihre Route schwenkt nun Richtung Süden, gemächlich ansteigend. Sie verlassen den Wald und erhalten wunderbare Blicke auf die Cairngorm-Berge. Nach 12 km haben Sie den höchsten Punkt Ihrer Wanderung erreicht und können über ein paar kleine Lochans auf den Munro Bynack More (kleine Berge auf dem großen Berg) blicken. Rechter Hand liegt die Bothy Ryvoan, die Sie bald darauf passieren und für eine letzte Pause nutzen können.

Bothies sind Schutzhütten inmitten der schottischen Natur und entlang einiger Wanderrouten, die ein festes Dach über dem Kopf für Pausen oder eine Übernachtung bieten. Die Häuser sind im Allgemeinen sehr einfach, oft mit Holzpritschen, Feuerstelle und ein paar Stühlen ausgestattet. Wie beim Campen in der freien Natur müssen alle Utensilien mitgebracht werden (Kocher, Matratzen, Schlafsack etc.). Im Sommer sind sie oft mit schottischen Wanderenthusiasten gut belegt. Die Bothies sind private Hütten, die dem Wanderer vom Eigentümer zur Verfügung gestellt werden. Die Mountain Bothies Association kümmert sich auf freiwilliger Basis um die Instandhaltung von etwa 100 solcher Unterkünfte (es gibt jedoch viele mehr). Es wird keine Gebühr für die Benutzung verlangt, Sie sollten allerdings den Jahresbeitrag an die MBA bezahlen, wenn Sie in Bothies übernachten möchten. Verhalten Sie sich außerdem verantwortungs- und respektvoll in den Hütten. Halten Sie sich unbedingt an den Bothy Code:

- Bitte verlassen Sie die Hütten sauber und ordentlich, säubern Sie den Kamin nach Nutzung, kehren Sie aus (Besen sollten vorhanden sein) und lassen Sie keinen Müll zurück!
- Bothies sind nicht als Gruppenunterkünfte und Daueraufenthaltsorte gedacht, sondern als Notunterkünfte für Wanderer.
- Beim Toilettengang mindestens 50 m Abstand von der Hütte halten. Große Geschäfte vergraben. Schaufeln und Spaten sind in der Hütte vorhanden.

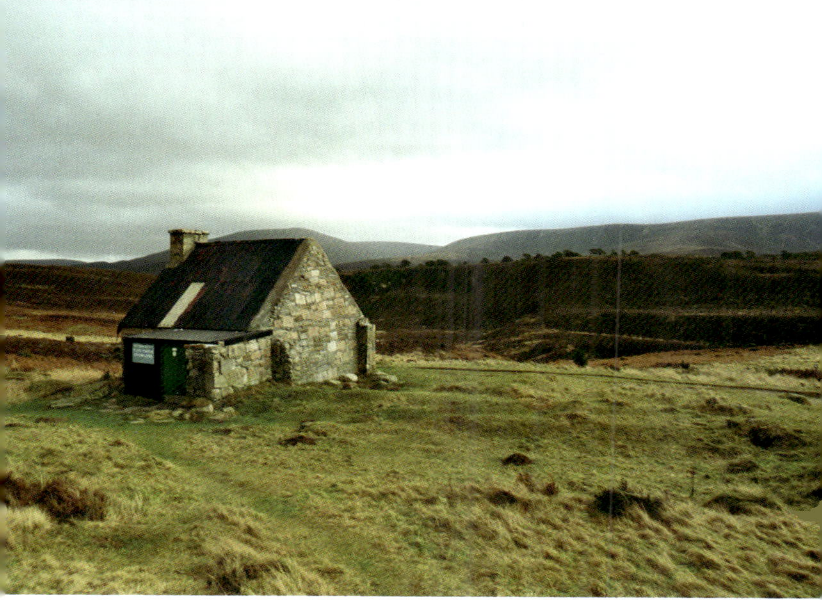

Ryvoan Bothy

🛈 Mountain Bothies Association, Henderson Black & Co, Edenbank House, 22 Crossgate, Cupar KY15 5HW, 💻 www.mountainbothies.org.uk

Für die letzten 4 km können Sie nun der blauen Markierung folgen. Zunächst laufen Sie abwärts bis zum „grünen Loch" (Lochan Uaine), das idyllisch etwas links unterhalb Ihres Weges liegt (ignorieren Sie einen Linksabzweig). Sie bleiben weiterhin auf dem breiten Track (blaue Pfosten), der Sie 2 km später zur Glenmore Lodge bringt. Dieses Outdoor-Trainingszentrum bietet Kurse und Aktivitäten für jeden Geschmack und Schwierigkeitslevel an, von Bergwanderungen und Kajaktouren über Kompasstraining bis zur Bergführerausbildung. Sie passieren die Lodge und folgen der Straße den letzten Kilometer bis zum Visitor Centre.

🛈 Glenmore Forest Park Visitor Centre, ☏ 014 79/86 12 20, 💻 scotland.forestry.gov.uk/forest-parks/ → Glenmore Forest Park → Glenmore Visitor Centre

10 Unterwegs am Loch Morlich – von Glenmore nach Aviemore WC

Tour für Naturliebhaber und Familien

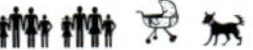

Loch Morlich ist dank seiner einmaligen Lage ein besonders beliebtes Freizeitgebiet im Nationalpark. Umgeben von attraktivem Wald und den beeindruckenden nördlichen Cairngorm-Bergen lädt der See zum Paddeln, Wandern und Radfahren ein. Ihre heutige Tour führt Sie zunächst entlang des schönen Badestrandes und dann tiefer in die Natur des Rothiemurchus Estate. Auf guten Pfaden und Forstwegen wandern Sie bis zum See An Eilean mit einer mittelalterlichen Burgruine und beenden Ihre Wanderung dann in der geschäftigen „Hauptstadt" von Strathspey – Aviemore. Die Tour bietet keinerlei wandertechnische Herausforderungen und lässt sich für unterschiedliche Bedürfnisse variieren.

→ Start: Glenmore Visitor Centre, GPS N 57°10.038' W 003°41.635'; Ziel: Aviemore (Zentrum), N 57°11.288' W 003°49.759'

16,7 km

4 Std. 30 Min. bis 5 Std. 30 Min.

↑ ↓ 80 m/200 m

⇧ 211-361 m

rote Markierung am Loch Morlich, sonst ohne Markierung

Sitzbänke am Loch Morlich (km 0,5)

zahlreiche Einkehrmöglichkeiten am Ziel in Aviemore

kleiner Shop mit angeschlossenem Café und Bar unweit des Campingplatzes in Glenmore, zahlreiche Einkaufsmöglicheiten in Aviemore

WC öffentliche Toiletten in Glenmore (Visitor Centre), am Loch an Eilean (km 11,5) und in Aviemore (Grampian Road)

Loch Morlich (km 0,7), Loch an Eilean (km 11,5)

Aufgrund der Vielseitigkeit des Weges ist die Tour gut für Kinder geeignet, allerdings etwas lang. Mögliche Alternativen sind eine Umrundung des Loch Morlich oder eine Wanderung am Loch an Eilean mit einem Besuch im Reindeer Centre, Steamtrain- oder Bergbahn-Fahrt.

wegen des streckenweise feuchtem und wurzeligen Untergrunds nur bedingt geeignet, Alternativen: Forstwege im Rothiemurchus Forest (Loch Morlich und Loch an Eilean)

Halten Sie Hunde in Straßennähe und Nistgebieten an der Leine.

P kostenpflichtige Parkmöglichkeit am Wanderstart

Es gibt eine regelmäßige Busverbindung zwischen Aviemore und Glenmore, Bus 31 kann direkt vor dem Visitor Centre halten. Aviemore ist verkehrstechnisch ausgezeichnet angebunden (Zug, Bus).

☺ Diese Wanderung kann gut mit Tour 9 kombiniert werden.

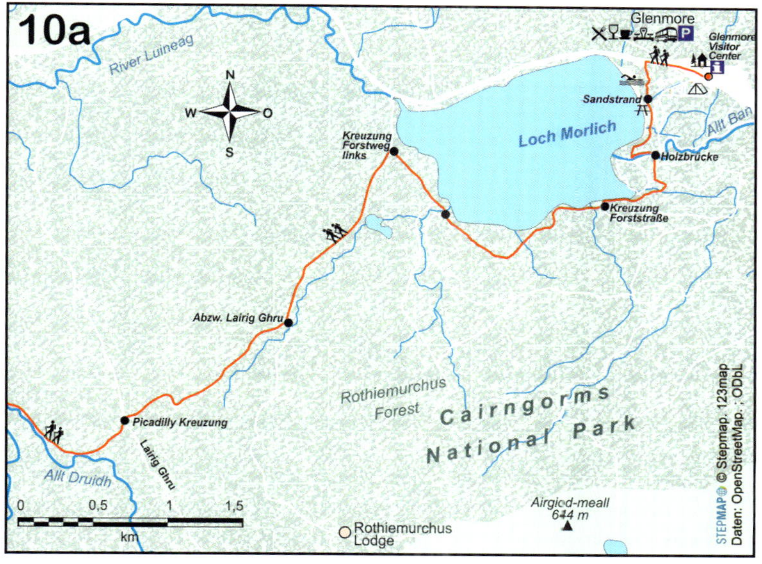

Folgen Sie der Straße vom Glenmore Forest Visitor Centre nach Westen, bis Sie nach ca. 300 m zum Parkplatz von Loch Morlich Watersports kommen.

Unweit des Glenmore Visitor Centre liegt das Reindeer Centre, das täglich um 11:00 und im Sommer auch zusätzlich nachmittags geführte Touren anbietet.
www.cairngormreindeer.co.uk, Erwachsene £ 14,50 für Ausflüge, Kinder £ 8

Hier gehen Sie links in den Wald hinein. Sie passieren eine Hinweistafel mit Informationen über die Region auf der rechten Seite. Folgen Sie der roten Wandermarkierung. Zunächst passieren Sie ein Toilettenhaus (linker Hand), dann halten Sie im lichten Kiefernwald auf den breiten Sandstrand des Loch Morlich zu.

Der Pfad führt direkt am Ufer entlang. Nach etwa 1 km gelangen Sie an einen Wasserarm, den Sie über eine kleine Holzbrücke überwinden. Der Pfad verläuft zunächst geradeaus und dann in einem großen Bogen vom Wasser weg, bis die rote Markierung Sie erneut ans Südufer des Loch Morlich bringt. Durch dichten Kiefernwald wandernd erreichen Sie nach 2 km eine breite Forststraße – nun geht es rechts in Richtung Westen. Ignorieren Sie den abzweigenden Forstweg und halten Sie sich an der nächsten Gabelung ebenfalls rechts, weiter am Ufer mit einer Holzbrücke entlang.

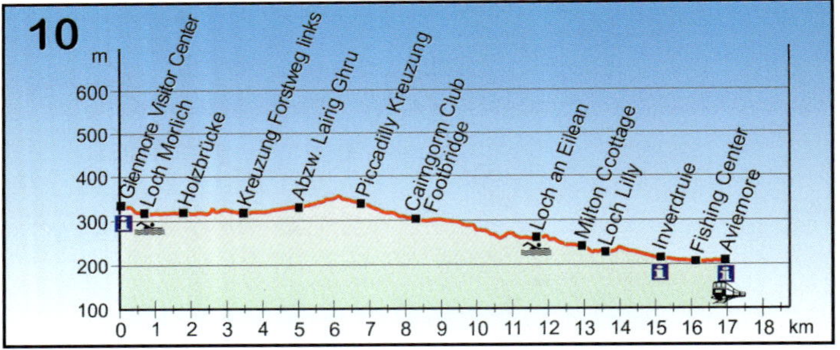

Nach etwa 3,5 km Gesamtstrecke stoßen Sie auf einen breiten Forstweg, dem Sie gut 1 km nach links folgen. An der nächsten Weggabelung (km 5) laufen Sie nach rechts, in Richtung „Lairig Ghru“ (wahrscheinlich: Pass durch die roten Berge). Sie haben nun bereits den Rothiemurchus Forest erreicht und stehen schließlich an der „Piccadilly“-Kreuzung mitten im Wald.

Der **Rothiemurchus-Landsitz** (möglicherweise: Murchas rundes Fort) liegt im Herzen des Cairngorms National Park und bietet wunderbare Wander- und Freizeitmöglichkeiten. Hier findet sich einer der größten Restbestände des ursprünglichen kaledonischen Waldes (☞ Tour 5). Seit 1540 ist der Landsitz im Besitz der Familie Grant von Rothiemurchus, die das Anwesen bereits in der 17. Generation verwaltet. Das 59 km lange Wanderwegenetz ist besonders bei Familien beliebt. Besucher haben die Möglichkeit, seltenen Tieren wie dem Kreuzschnabel, Auerhahn, Fischadler und der Wildkatze zu begegnen. Erlöse touristischer Aktivitäten fließen zurück in die Erhaltung des Landsitzes, dessen nördliches Waldgebiet 2014 zum Zwecke einer noch effektiveren Verwaltung an die Forestry Commision Scotland verkauft wurde.

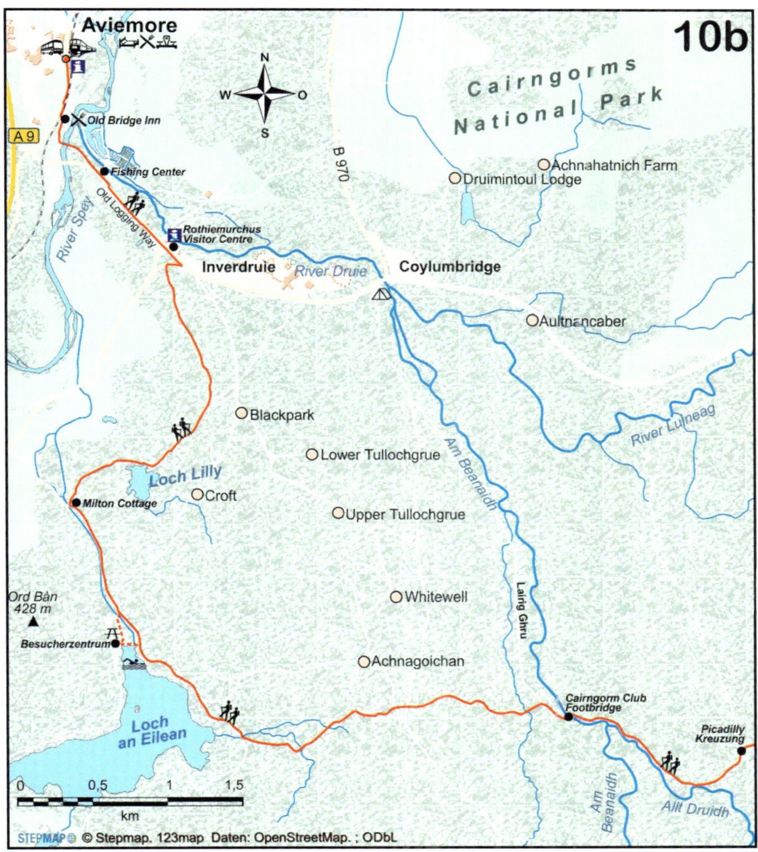

Folgen Sie der Beschilderung nach Aviemore. Sie passieren eine Hausruine und gelangen an den Zusammenfluss von Allt Druidh (wahrscheinlich: roter Fluss) und Am Beanaidh (möglicherweise: schneller Bach). Hier schwenkt Ihr Weg am Wasser entlang nach rechts und Sie erreichen kurz darauf eine Eisenbrücke, über die Sie gehen. An der nächsten Kreuzung (nach 150 m) weist Sie ein Schild Richtung Loch an Eilean. Die Landschaft öffnet sich und Sie wandern leicht abwärts.

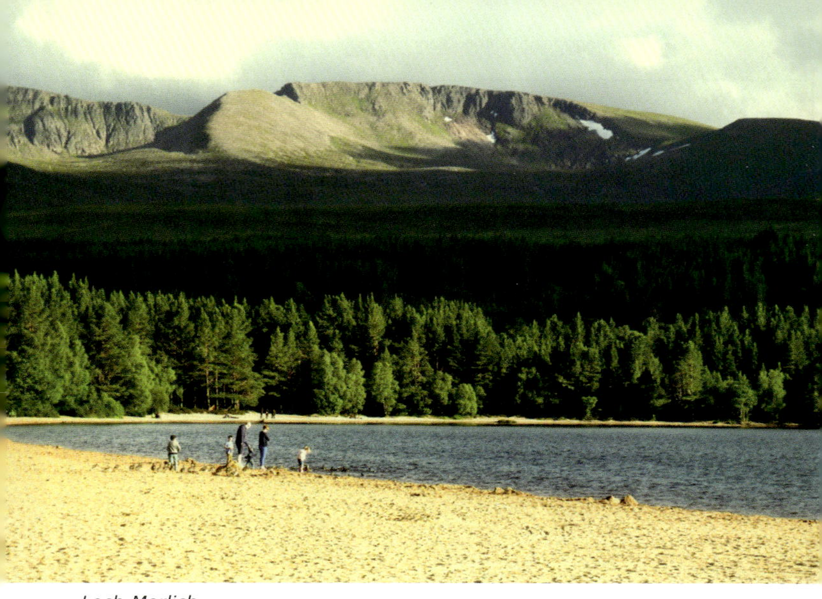

Loch Morlich

An allen Wegkreuzungen gehen Sie geradeaus weiter. Schließlich erreichen Sie kurz vor dem See eine Weggabelung und wenden sich hier nun nach rechts. Sie erblicken hinter den Bäumen bereits das Gewässer, wandern in Ufernähe Richtung Norden und erreichen nach 1 km durch den Wald dessen nördliches Ende. Hier finden Sie ein kleines Besucherzentrum und ein idyllisches Plätzchen für eine Pause, bevor Sie zum Endspurt ansetzen.

Loch an Eilean/Eilein (der See der Insel) beeindruckt nicht nur durch seine idyllische Lage und ruhige Ausstrahlung, sondern durch eine mystische Burgruine auf der kleinen Insel im See, die manche dunkle Geschichte erzählen könnte. Bereits im 13. Jh. errichtete der Bischof von Moray am Südende der Insel ein kleines Gebäude und sicherte es mit einer Verteidigungsmauer. Ihm folgte der legendäre Wolf von Badenoch (Enkelsohn von Robert the Bruce), der sich im 14. Jh. eine private Jagdhütte im Turmhausstil bauen ließ – inklusive großer Halle und Kellergewölbe. Diese Anlage wurde zwei Jahrunderte später noch verstärkt und vergrößert, endete jedoch infolge von Überschwemmungen, Vernachlässigung und rauem Klima schließlich als fotogene Ruine.

Sie überqueren die kleine Brücke und wandern auf dem Forstweg nach links. Dieser führt auf eine einspurige Asphaltstraße, der Sie etwa 1 km lang folgen. Biegen Sie unmittelbar hinter einem kleinen, weiß-grün gestrichenen Häuschen (rechter Hand) nach rechts ab. Wandern Sie nun durch den Wald, an dem kleinen Loch Lilly vorbei. An der nächsten Gabelung (600 m) halten Sie sich links. Sie erreichen ein Eisengitter und dahinter die Straße am Rothiemurchus Visitor Centre. Nun geht es an der Straße entlang nach links, bis zum Fishing Centre, wo Sie ein kleiner Asphaltweg (leicht rechts) an den Rand von Aviemore führt. Sie überqueren eine Fußgängerbrücke, laufen am Old Bridge Inn und dem dazugehörigen Bunkhouse vorbei und unterqueren anschließend die Bahnlinie nach links. An der Hauptstraße von Aviemore laufen Sie die letzten 500 m nach rechts zum Bahnhof.

The Old Bridge Inn, Dalfaber Road, Aviemore, ☏ 014 79/81 11 37, www.oldbridgeinn.co.uk, Restaurant und Bar, Lunch täglich 12:00-15:00, Dinner So-Di 18:00-21:00, Fr-Sa 18:00-22:00

Strathspey Railway: Auf der Ausflugsbahnstrecke zwischen Aviemore und Boat of Garten verkehren in den Sommermonaten mehrere Diesel- und Dampfzüge. Es gibt auch besondere Veranstaltungen wie Lunch-Ausflüge.

www.strathspeyrailway.co.uk, Rückfahrtickets für Erwachsene £ 14,25, für Kinder £ 7,15

Funicular: Die Cairngorm-Bergbahn startet am Ende der Buslinie 31 am Cairngorms-Skizentrum. Sie fährt alle 20 Min. Man kann bis zum Ptarmigan Restaurant auf 1.066 m fahren. Dort gibt es auch eine Aussichtsplattform und einen Laden.

www.cairngormmountain.org/funicular-railway, Tagesticket für Erwachsene £ 12, für Kinder £ 8

Lochaber – Fort William

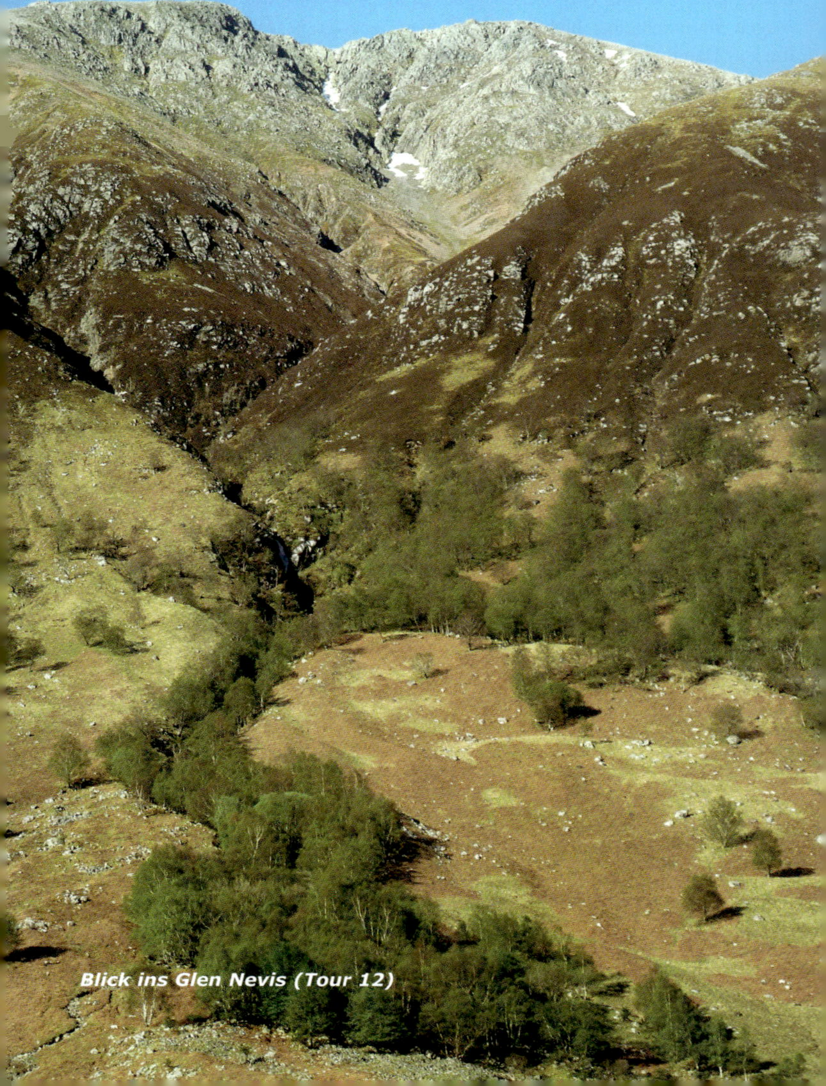

Blick ins Glen Nevis (Tour 12)

Der Standort Lochaber gehört zu den beliebtesten Tourismuszielen in Schottland. Die „Hauptstadt" Fort William lockt nicht nur als Ausgangspunkt für die Besteigung des höchsten Berges Großbritanniens, Ben Nevis, sondern lädt auch müde Wanderer am Ende des bekannten West Highland Way zum Verweilen ein. Zahllose Munros und Corbetts, spannende Täler und der Kaledonische Kanal, der zu gemütlichen Spaziergängen einlädt, machen die Region vor allem für Bergsteiger und Wanderer interessant, aber auch Mountainbiker und Skifahrer kommen an den Hängen von Aonach Mòr auf ihre Kosten. Für „Genussreisende" bieten eine Zugfahrt auf der Harry-Potter-Strecke nach Mallaig, der Besuch des kleinen Heimatmuseums oder eine Bootsfahrt auf dem Loch Linnhe (der längliche Loch) ausreichend Abwechslung.

Blackwater Reservoir (Tour 15)

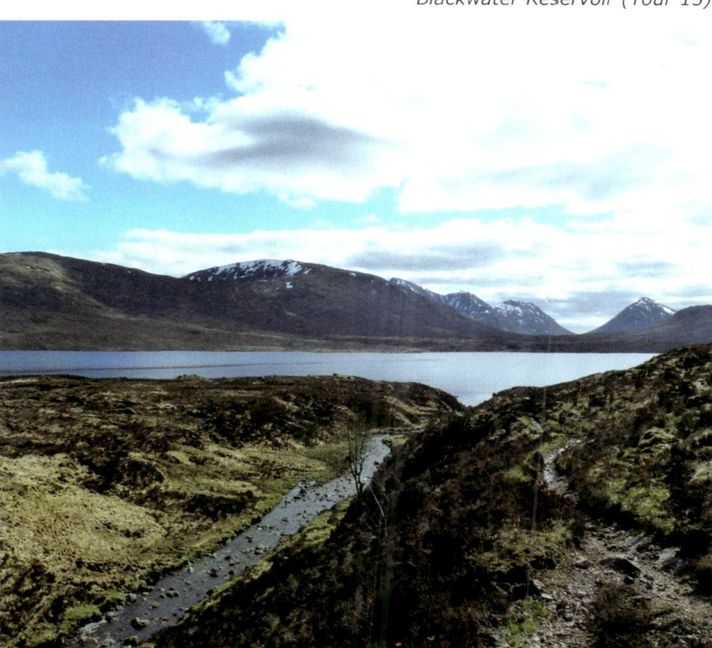

⑪ Auf dem Great Glen Way

Tour für Kulturinteressierte und Familien

Die abwechslungsreiche Streckenwanderung führt Sie auf die erste Etappe des Great Glen Way – den knapp 100 km langen Fernwanderweg von Fort William zur größten Stadt des Hochlands, Inverness. Auf kleinen Straßen, Fahrradwegen und guten Fußpfaden wandern Sie entlang des Flusses Lochy, besuchen die mittelalterliche Burgruine von Inverlochy Castle und beenden die Tour an dem eindrucksvollen Schleusensystem des Kaledonischen Kanals, den „Neptunstreppen". Großbritanniens höchster Berg Ben Nevis bietet mit seinen Nachbargipfeln den dramatischen Hintergrund für diese einfache und „zivilisationsnahe" Tour.

- → Start: Bahnhof/Busstation Fort William, GPS N 56°49.281' W 005°06.442'; Ziel: Neptune's Staircase, Banavie, GPS N 56°50.866' W 005°05.514'
- 7,8 km. Alternativ können Sie vom Endpunkt der Tour entlang des Great Glen Way in beide Richtungen laufen.
- 2 Std. bis 2 Std. 30 Min.
- ↑↓ 40 m/20 m
- ⇧ 0-25 m
- Distelmarkierung des Great Glen Way an blauen Holzpfosten
- zahlreiche Einkehrmöglichkeiten in Fort William, Caol (Sammy's Fish and Chips, km 4,1) und Banavie (Moorings Hotel, The Lochy)
- Sitzbänke entlang des Kaledonischen Kanals
- zahlreiche Einkaufsmöglichkeiten in Fort William und kleiner Laden in Caol
- WC öffentliche Toiletten in Fort William (Bahnhof und Car Park, Bank Street) und Corpach (hinter der Bahnstation)
- Die Schleusentreppen und die Burgruine sind für Kinder besonders interessant.
- Streckenweise ist der Weg buggytauglich, allerdings stellen feuchte, schmale Teilstücke auch bei dieser Tour eine Herausforderung dar. Alternativ können Sie direkt von Neptune's Staircase aus den Great Glen Way auf rollstuhlfreundlichem Gelände in beide Richtung entlanglaufen.
- Hunde müssen am Great Glen Way angeleint werden.
- P kostenpflichtige Parkplätze im Ortszentrum von Fort William, kostenloser Parkplatz an Neptune's Staircase, Banavie

Fort William: Citylink-Busse nach Glasgow, Edinburgh, Inverness, Isle of Skye und Mallaig; Scot Rail nach Glasgow, Mallaig und Oban. Banavie liegt an der West Highland Railway Line Fort William – Mallaig, außerdem gibt es lokale Busverbindungen nach Fort William (Stagecoach-Linie 45/46). Die Bushaltestelle Kilmallie Road sowie die Zugstation sind 600 m bzw. 500 m von Neptune's Staircase entfernt.

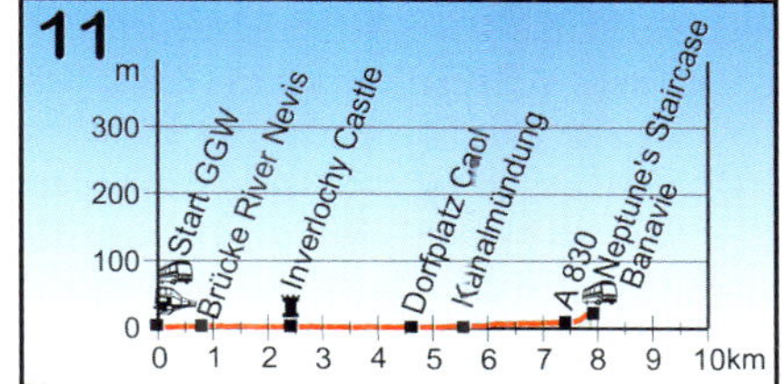

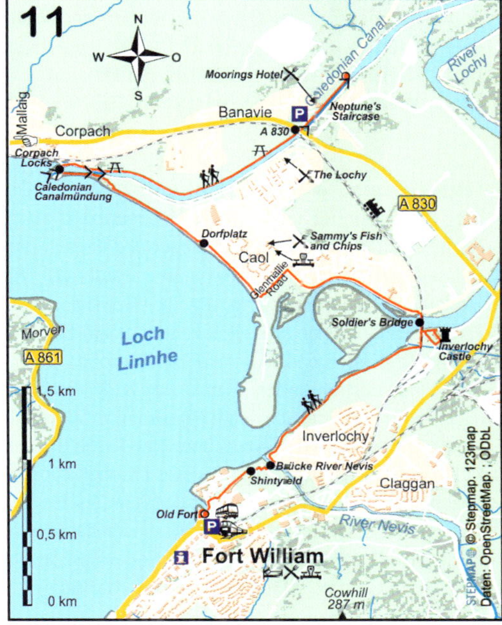

Fort William nennt sich selbst „Outdoor-Hauptstadt Großbritanniens". Entsprechend gut ist die diesbezügliche Infrastruktur: Outdoor-Geschäfte, Supermärkte, Gepäcktransport, Berg- und Kletterschulen, Mieträder, Tourveranstalter – alles ist vorhanden. Trotz zahlreicher B&Bs, Bunkhouses und Hotels ist der 10.000-Seelen-Ort im Sommer oft ausgebucht.

Ihre heutige Tour verläuft zum größten Teil entlang der ersten Etappe des Great Glen Way (GGW), der durchgehend eindeutig markiert ist. Sie beginnen am Startpunkt des GGW – dem Old Fort, das dem Örtchen seinen Namen gegeben hat. Ursprünglich von Cromwell 1654 als Holzbau errichtet, um aufständische Royalisten zu kontrollieren, wurde die

Festung später ausgebaut und der Ort in Fort William (nach König Wilhelm von Oranien) umbenannt. Während der Jakobitenaufstände war das Fort stark umkämpft, anschließend wurden die Baracken zu Häusern umgebaut. Mitte des 20. Jh. fiel die Anlage dem massiven Ausbau der Eisenbahn zum Opfer.

The Great Glen – das große Tal – ist Schottlands größte Verwerfungslinie, entstanden vor 300 Mio. Jahren als Teil tektonischer Bewegungen im Hochland. Es gliedert das Hochland in die südwestlichen Grampians und die nordwestlichen Highlands. Während der letzten Eiszeit schabten Gletscher tiefe Becken in die geologische Bruchstelle, die sich mit Wasser füllten und zu Loch Lochy, Loch Oich und dem berühmten Loch Ness wurden.

Seit dem Neolithikum besiedelt, stellt das Great Glen den wichtigsten Verbindungsweg von der Atlantikküste im Westen an die Nordseeufer im Osten dar. Pikten, Wikinger, Jakobiten, Heilige, Generäle, Könige, Seeleute, Ingenieure und Poeten haben alle einen Beitrag zur Geschichte des Great Glen geleistet. Ihre Spuren können seit 2002 von Wanderern und Radlern auf dem gleichnamigen Fernwanderweg entdeckt werden.

📖 „Schottland: Western Highlands“ von Doris Dietrich und Anja Vogel, Conrad Stein Verlag, OutdoorHandbuch Band 191, ISBN 978-3-86686-191-6, € 14,90

Gehen Sie am Bahnhof durch die Unterführung zum Platz der ehemaligen Festung (gegenüber). Infotafeln klären Sie über die Geschichte der Anlage auf. Ihr Weg führt dann Richtung Morrison-Supermarkt zu einem Kreisverkehr. Vor dem Schnellrestaurant McDonald's biegen Sie links in die Straße ab. Hier treffen Sie nun auf das Distelzeichen und immer wieder auf Hinweisschilder für Radfahrer. Sie laufen einen asphaltierten Radweg entlang und passieren das Shintyfeld von Fort William. Die ursprünglich keltische Sportart Shinty (eine Form von wildem Feldhockey) erfreut sich im Hochland großer Beliebtheit. Fort William verfügt über eines der führenden Teams. Am Ende des Shintyfeldes schwenkt der Weg nach rechts, dann gleich wieder nach links. Sie wandern durch eine Häusersiedlung, kreuzen den Fluss Nevis über eine kleine Brücke und erreichen die Ufer des Mündungsbeckens des Lochy-Flusses (Asphalt nach links verlassen). Nach starken Regenfällen und hohem Wasserstand kann es hier sehr feucht unter den Füßen werden. Sie überqueren zweimal Wasserkanäle über Holzstege und erreichen ein offenes Feld. Von hier haben Sie wunderbare Blicke auf den Nachbarberg des Ben Nevis, den Carn Mòr Dearg (der große rote Berg) – und auf die Rohranlage der Aluminiumschmelze von Fort William.

Bald stehen Sie vor der Soldier's Bridge, die Sie später über den Fluss Lochy bringt. Zunächst gehen Sie jedoch die Straße weiter, Hinweisen zum Inverlochy Castle folgend. Nach wenigen Metern blicken Sie auf die alte, beeindruckende Burgruine (Eingang auf der östlichen Seite).

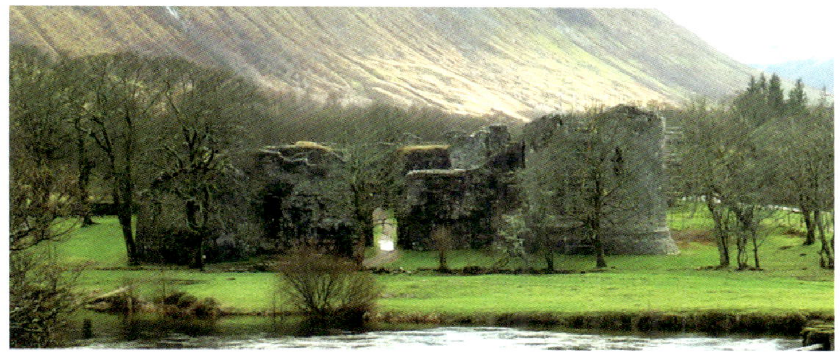

Inverlochy Castle

Inverlochy Castle wurde 1280 von dem einflussreichen Lord of Badenoch, John Comyn, erbaut, um Kontrolle über den River Lochy zu garantieren. Sein Sohn war einer der Anwärter auf den schottischen Thron. Als dieser von seinem Gegenspieler Robert the Bruce ermordet wurde, entbrannte eine Schlacht um die Festung, die The Bruce gewann. Bis ins 17. Jh. war die Anlage bewohnt und immer wieder Ziel kriegerischer Auseinandersetzungen.

Nach der Besichtigung der Ruine gehen Sie zur Soldier's Bridge zurück, überqueren den Fluss Lochy und laufen die Straße nach links Richtung Caol (die Seeenge). Sie passieren die Lochyside-Grundschule und biegen an einer Bushaltestelle links in die Glenmallie Road ab, die Sie zum Seeufer des Loch Linnhe führt. Etwa 1 km lang folgen Sie der Uferpromenade (nehmen Sie den kleinen Pfad direkt am Wasser) – links mit Blick auf Fort William und die Berge der Halbinsel Ardgour, rechts mit Blick auf die Wohnhäuser der Siedlung Caol. Sie passieren das Gemeindecafé und den Dorfplatz von Caol sowie einen Schulneubau und den Kilmallie Shinty Club. Am Ende des Spielfeldes haben Sie schließlich den Kaledonischen Kanal erreicht.

Der **Kaledonische Kanal** stellt eine der größten britischen Ingenieurleistungen des 19. Jh. dar. Der 1822 eröffnete Wasserweg führt von Schottlands Atlantik-

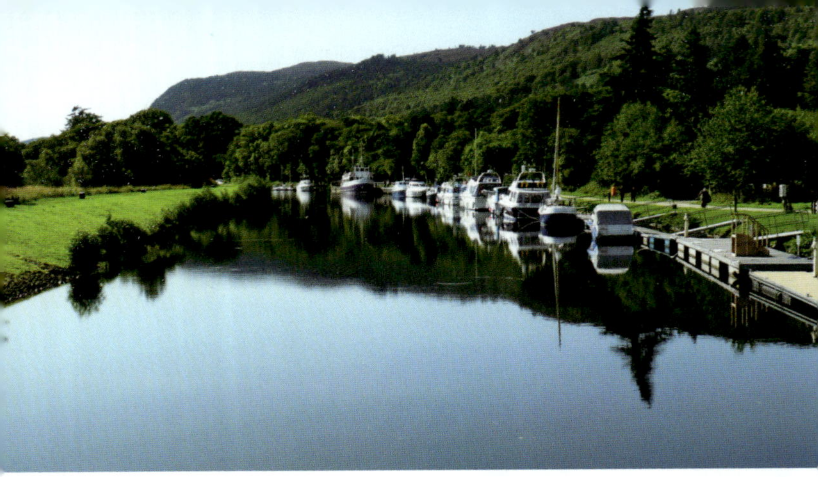

Am Caledonian Canal

zur Nordseeküste. Er war als Alternativroute zur gefährlichen Nordumschiffung durch den Pentland Firth gedacht und sollte zudem der Auswanderung vom Hochland durch die Schaffung von Arbeitsmöglichkeiten entgegenwirken. 64 km der Strecke werden von den drei Lochs des Great Glen eingenommen – Loch Lochy, Loch Oich, Loch Ness. Die restlichen knapp 35 km wurden in mühevoller Handarbeit ausgegraben. Der berühmte schottische Architekt Thomas Telford übernahm die anspruchsvolle Aufgabe, den Kanal zu bauen, und ließ 29 Schleusen, 10 Schwingbrücken und 4 Aquädukte errichten. Große Mengen an Bäumen wurden in den benachbarten Tälern gefällt, Tonnen an Erde gehoben. Die Bauarbeiten kosteten seinerzeit 840.000 Pfund. Der Kanal wurde allerdings nie ein großer kommerzieller Erfolg, da bald nach Fertigstellung sichere Dampfschiffe und später Eisenbahn und Straßenwesen die Verkehrsaufgaben übernahmen. Heute bietet der Kanal Hobbykapitänen eine entspannte Route durchs Hochland.

Sie steigen zum Kanalufer auf und wandern nach links bis zum Mündungspunkt des Wasserweges mit einem kleinen Leuchtturm. An der letzten Schleusenbrücke wechseln Sie die Uferseite und können nun ganz gemütlich die letzten 2 km den Kanal entlangschlendern – das Ben-Nevis-Massiv im Blick. Wenn Sie die Straße nach Mallaig erreichen, kreuzen Sie diese vorsichtig. Nehmen Sie sich Zeit, zum Abschluss der Wanderung noch die größte Schleusenanlage Neptune's Staircase zu erforschen.

12 Wasserfälle und Flussauen – Glen Nevis

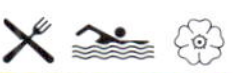

Tour für Naturliebhaber und Abenteuerfreunde

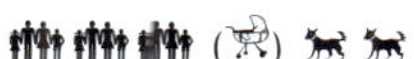

Die Wanderung durchs Glen Nevis ist eine der beliebtesten Touren in der Region Lochaber. Landschaftlich außerordentlich reizvoll bietet das Tal etwas für jedermann – Groß und Klein. Es ist leicht möglich, einen ganzen Tag dort zu verbringen. Die vorliegende Tour kombiniert verschiedene Wanderungen und kann den eigenen Bedürfnissen und Ansprüchen angepasst werden. Den Höhepunkt stellt sicher die Strecke von den Upper Falls durch die spektakuläre Nevis-Schlucht bis zum Steall-Wasserfall dar, aber auch die schöne Route entlang der Flussauen des Nevis bietet viele landschaftliche Reize und eine schöne Stimmung. Sie ist zudem deutlich weniger begangen.

Start: Upper-Falls-Parkplatz, Glen Nevis, GPS N 56°46.660' W 005°00.007',
Ziel: Ben Nevis Inn, Achintee, GPS N 56°48.620' W 005°04.293'

12,3 km. Diese Wanderung kann variiert werden, z. B. Upper Falls Parking Lot – Steall Falls (3,5 km hin und zurück) oder Lower Falls – Achintee (6 km).

4 Std.

195 m/306 m

17-262 m

nur Hinweisschild am Wandereinstieg

gemütliches Pub/Restaurant am Ende der Tour (Ben Nevis Inn)

keine Sitzbänke

zahlreiche Einkaufsmöglichkeiten in Fort William

WC öffentliche Toiletten in Fort William (Bahnhof und Car Park, Bank Street) und im Glen-Nevis-Besucherzentrum

Nevis Water

spannende, vielseitige Tour für Kinder dank Felskletterei und der Stahlseilbrücke an den Steall Falls (Weg ist wenig gesichert!)

für Buggys ungeeignet: schmaler, anspruchsvoller Pfad mit Felsstufen

Felsiger Untergrund und Stufen sind anspruchsvoll für Hundepfoten.

P Parkmöglichkeiten an den Carparks Lower Falls und Upper Falls sowie am Ben Nevis Inn

Es gibt keine Verbindung mit öffentlichen Verkehrsmitteln zum Startpunkt.

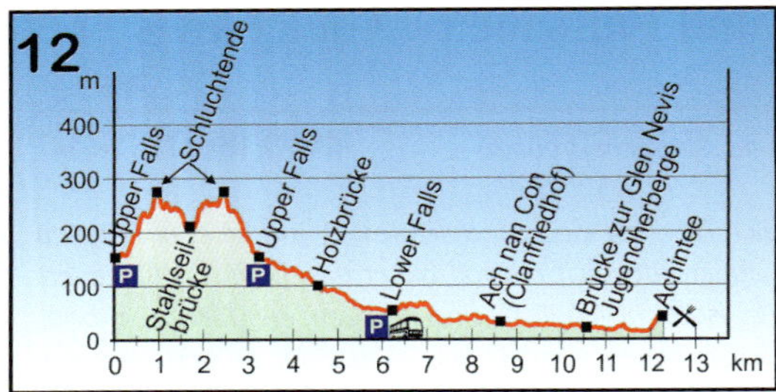

Glen Nevis ist eines der vielen wunderschönen Täler im Hochland Schottlands. Begrenzt von den Mamore-Bergen im Süden und dem Nevis Range im Norden ist es Heimat einer fantastischen Schluchtenlandschaft und des drittgrößten Wasserfalls des Landes – Steall (Strahl) Falls. Seine Schönheit und die Tatsache, dass hier noch natürlicher Baumbewuchs zu finden ist, haben es immer wieder zum Filmschauplatz werden lassen. So diente das Glen als Kulisse für Szenen in den Harry-Potter-Filmen, in „Braveheart" (über das Leben des Freiheitskämpfers William Wallace) sowie für die Geschichte des Robin Hoods von Schottland, „Rob Roy" (☞ Tour 5).

Ihre Wanderung beginnt am Upper-Falls-Parkplatz. Dieser kann im Sommer aufgrund der Popularität der Steall-Falls-Tour schnell überfüllt sein, ein früher Start ist daher empfehlenswert. Ein nicht zu verfehlender Wanderweg führt vom Parkplatz hinein in die beeindruckende Schlucht. Folgen Sie der Beschilderung „Footpath to Corrour". Neben dem „Scottish Right of Way"-Wanderschild weist eine Infotafel auf die Gefahren der Nevis Gorge hin. Nach Regen kann der Felspfad sehr rutschig sein, daher wird ausdrücklich dazu geraten, nur mit gutem Schuhwerk aufzubrechen und die Herausforderung nicht zu unterschätzen. Für den aufmerksamen Wanderer stellt der Wanderweg jedoch keine Schwierigkeit dar.

Genießen Sie den abwechslungsreichen Pfad. Besonders das letzte Stück durch die Schlucht ist bemerkenswert. Riesige Felsquader liegen im Flussbett und es wird bestens erkennbar, wie das Wasser das Gestein im Laufe der Jahrhunderte ausgewaschen hat.

Nach gut 1 km treten Sie plötzlich aus der Klamm heraus. Es öffnet sich ein prächtiges Hochtal mit saftig grünen Wiesen und vor Ihnen stürzt der imposante Steall-Wasserfall 120 m in die Tiefe.

Folgen Sie dem Weg weiter geradeaus. Nach wenigen Hundert Metern sehen Sie rechter Hand eine Seilbrücke über den Fluss. Wenn Sie Lust verspüren, wagen Sie doch mal den Tanz auf dem Seil. Die Hütte auf der anderen Flussseite gehört

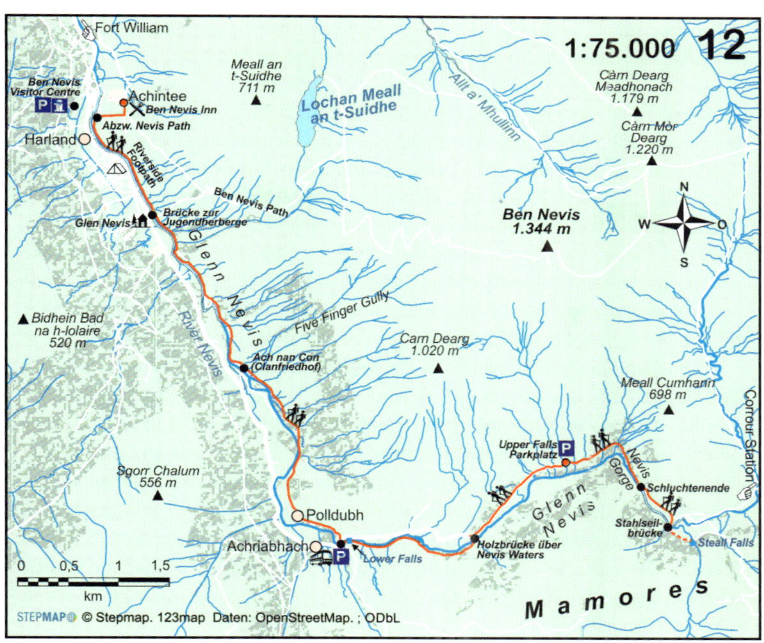

dem Junior Mountaineering Club of Scotland (Lochaber Section) und ist nur Mitgliedern schottischer Wanderclubs zugänglich. Unterhalb der Brücke ist das Nevis Water schön tief und an einem warmen Sommertag ideal für ein erfrischendes Bad. (Falls Sie näher an den Wasserfall laufen möchten, müssen Sie die Brücke überqueren. Ein kleiner, oft sehr matschiger Weg führt an der Hütte vorbei bis zum Fuß des „weißen Strahls" (Steall Bàn).

Wenn Sie Zeit und Lust haben, können Sie auf der **Diebesstraße (Thieves' Road)** ein Stück weiter in das Tal des Nevis-Flusses wandern. Jahrhundertelang wurde diese Verbindung von Fort William nach Corrour Station von Viehdieben als bevorzugte Wegroute genutzt, um die geschickt „akquirierten" Hochlandrinder aus Badenoch und Speyside in Richtung Süden und Westen zu treiben. Vor eindrucksvoller Bergkulisse lässt es sich recht einfach bis zur Brücke bei den Steall Ruins wandern (1 km ab Seilbrücke). Die Ruinen sind Überreste einer alten Croft

(Kleinbauernhof), in der bis zum 19. Jh. Menschen lebten und sich von den Feldfrüchten, die das recht fruchtbare kleine Tal hergab, ernährten.

Wandern Sie anschließend den schon bekannten Weg zum Upper-Falls-Parkplatz zurück und laufen Sie von hier knapp 1,5 km auf der wenig befahrenen Single Track Road. Achtung: Bei einer kleinen Ausbuchtung führt linker Hand eine Holzbrücke über die Nevis-Wasser zu einem Wanderweg auf der anderen Flussseite. Sie können nun noch einmal die volle Schönheit des Tales erkennen. Aufgelockerte Birken- und Kiefernwäldchen säumen die Hänge. Nach Regen rauschen Wasserfälle die steilen Flanken der umliegenden Hänge hinunter und im engen Bachbett donnert das Wasser des Nevis. Nach weiteren 1,5 km erreichen Sie durch ein Gatter die Straße und die Steinbrücke am Lower-Falls-Parkplatz (linker Hand).

Genießen Sie die Blicke hinab in die gurgelnden Gewässer, bevor Sie sich auf den Weg entlang des ruhigeren Abschnittes des Nevis machen. Ihr Weg beginnt nördlich der Brücke (Richtung Upper Falls). In der Straßenkurve führt ein kurzer Schotterweg nach links, der 50 m weiter zu einer Einfahrt gelangt. Hier wieder links erreichen Sie kurz darauf das Gatter des Geländes der Polldubh Farm. Gehen Sie hindurch und folgen Sie dem Pfad durch schönen Laub-Mischwald, leicht auf- und abwärts. Nach 500 m erreichen Sie die Häuser von Polldubh (dunkles Wasserbecken). Ihr Weg führt zwischen den beiden Gebäuden hindurch und abwärts an die idyllischen Ufer des River Nevis, der Sie nun die nächsten Kilometer begleitet.

Der Pfad wird niemals langweilig und bietet eine wunderbare Szenerie und wenig Probleme bei der Orientierung. Allerdings ist er stellenweise felsig, häufig ausgewaschen und daher sehr matschig. Mehrmals führt der Weg über Zaunüberstiege und an Wiesenrändern entlang, um besonders feuchte Stellen und Bachkreuzungen am Flussufer zu vermeiden. Wenn der Wasserstand sehr hoch ist, müssen Sie sich gegebenenfalls an den Holzwehren entlanghangeln.

Nach 8,5 km erreichen Sie Ach nan Con (Feld der Hunde), einen uralten, eingefriedeten Friedhof. Diese jahrhundertealte Grabstätte soll ursprünglich die letzte Ruhestätte des hier ansässigen Clans der Camerons von Glen Nevis gewesen sein und laut örtlicher Legende piktischen Königen als Trainingsplatz für ihre Jagdhunde gedient haben. Heute können Sie nur noch eine alte Mauer um den Friedhof und einige alte große Bäume sehen. Ihr Weg verläuft unterhalb des Friedhofes. Rechter Hand blicken Sie bald auf den Five Finger Gully. Diese dramatische Felswand an der Südseite des Ben Nevis ist bei Kletterern beliebt und hat über die Jahre einige Leben gefordert.

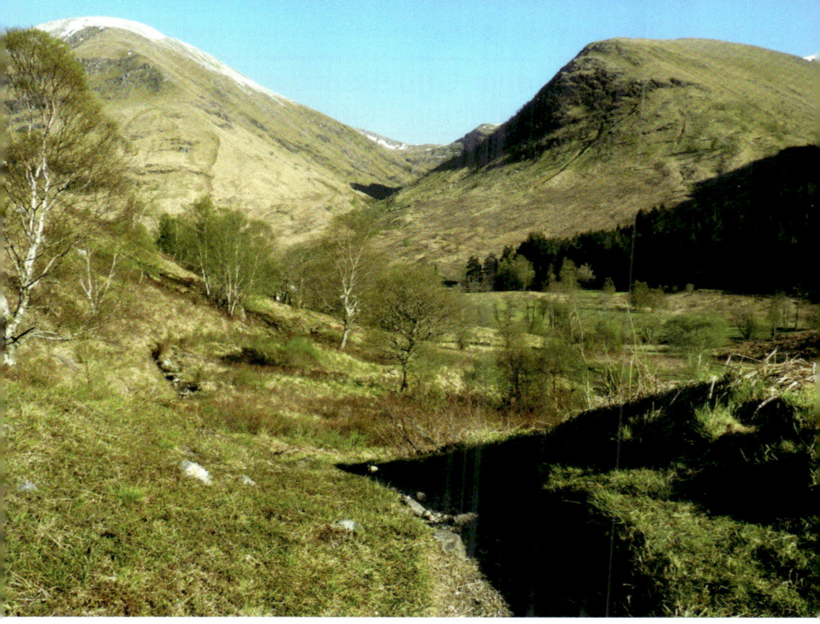

Im Glen Nevis

Nach weiteren 2 km entlang des ruhig dahinfließenden Flusses erreichen Sie eine Brücke. Gegenüber liegt die beliebte Glen-Nevis-Jugendherberge. Rechts von Ihnen führt der Ben Nevis Path auf dem schnellsten Weg zum höchsten Gipfel Großbritanniens. Laufen Sie an der Brücke vorbei und folgen Sie weiter dem nun ausgeschilderten „Riverside Footpath". Sie kreuzen einige kleine Holzplankenbrücken und erblicken auf der anderen Flussseite die Straße mit einer Reihe von Häusern, einem Restaurant und dem Camping-/Caravanplatz. Ihr Ziel ist fast erreicht. Halten Sie Ausschau nach einem großen, scheunenartigen Gebäude leicht oberhalb Ihres Weges, dem Ben Nevis Inn. Kurz vor Ende der Tour gabelt sich Ihr Weg noch einmal (er führt nach wenigen Metern wieder zusammen) und Sie treffen schließlich auf mehrere Holzschilder. Dem Ben Nevis Path folgend geht es rechts aufwärts eine Weide entlang, dann folgt ein letzter Zaunüberstieg und Sie haben Ihr Ziel erreicht – inklusive Kaffee oder frischem Bier.

✕ Ben Nevis Inn & Bunkhouse, ☎ 013 97/70 12 27, 💻 www.ben-nevis-inn.co.uk, 🚪 täglich 12:00-23:00 (warmes Essen bis 21:00)

13 Anspruchsvoller Gipfelsturm in den Mamores – Bergtour auf den Na Gruagaichean

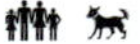

Tour für Naturliebhaber und Abenteuerfreunde

Na Gruagaichean (junge Maiden) ist einer von zehn Munros der sogenannten Mamores, einer Gruppe von Bergen südlich des Nevis-Bergmassivs. Zwischen dem Glen Nevis und Loch Leven (See der Ulmen) gelegen, erstrecken sich die „großen brustförmigen Berge" (so die Übersetzung des gälischen Namens) kilometerlang von Westen nach Osten. Der Aufstieg startet in der kleinen Ortschaft Kinlochleven und führt an der Mamore Lodge vorbei ins Hochtal von Coire na Bà (Kar des Viehs). Auf zunächst guten Tracks und Jagdpfaden wandern Sie auf einen 738 m hohen Sattel. Von dort folgen Sie auf oft felsigen Spuren dem Berggrat zum Vorgipfel des Na Gruagaichean. Ein kurzer steiler Ab- und erneuter Anstieg bringen Sie schließlich zur Hauptspitze der „jungen Maiden" auf 1.055 m. Der Rückweg verläuft auf denselben Pfaden. Trittsicherheit, leichtes Klettergeschick und Schwindelfreiheit sind erforderlich.

- Start/Ende: Kinlochleven, St. Paul's Church, GPS N 56°43.001' W 004°57.783'
- 14,1 km
- 4 Std. 30 Min. bis 5 Std. 30 Min.
- 1.044 m/1.044 m
- 45-1.055 m
- Hinweistafel und Markierungspfosten zu Beginn der Tour
- Pubs/Restaurants in Kinlochleven
- keine Bänke entlang des Weges
- Coop-Supermarkt in Kinlochleven
- WC öffentliche Toiletten in Kinlochleven bei Ice Factor
- aufgrund der vielen Höhenmeter und der ungesicherten Pfade auf dem Grat für jüngere Kinder nicht geeignet
- ungeeignet wegen der feuchten Wegbeschaffenheit und der felsigen Gratwanderung
- Der erste Teil der Wanderung ist ideal für Vierbeiner, der felsige Untergrund auf dem Grat dagegen recht anspruchsvoll für Hundepfoten.
- P Parkplatz bei St. Paul's Church
- regelmäßige Busverbindung zwischen Fort William und Kinlochleven (Stagecoach Nr. 44)

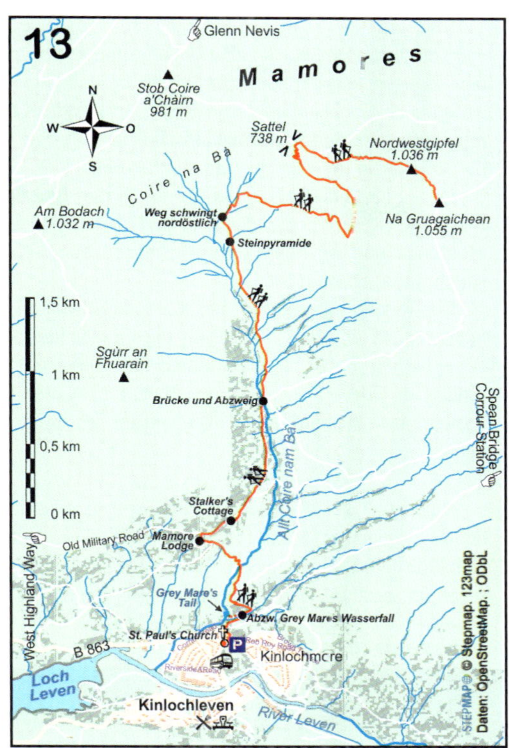

Beginnen Sie Ihre Wanderung an der Hauptstraße B863 bei der St. Paul's Church im Herzen von Kinlochleven. Direkt neben der Kirche befindet sich ein Parkplatz. Hier stoßen Sie auf ein Hinweisschild zum Grey-Mares-Wasserfall. Verschiedenfarbige Markierungen weisen Sie in Richtung Spean Bridge und Corrour Station. Sie erreichen auf dem gut präparierten Weg eine T-Kreuzung und halten sich links, ignorieren gleich darauf einen rechts abzweigenden Pfad und steigen stetig gemächlich aufwärts durch den Wald. Nach insgesamt etwa 300 m gelangen Sie an eine Fußgängerbrücke. Direkt dahinter lohnt sich ein kurzer Abstecher (nach links) zu den fast 50 m hohen Wasserfällen des Allt Coire na Bà – Grey Mare's Tail genannt.

Ihr Weg führt nach der Brücke geradeaus weiter bis zur nächsten Kreuzung (nach weiteren 300 m). Hier folgen Sie den weiß-grün-gelben Wegmarkierungen nach links und wandern dann ein kurzes Stück steil aufwärts. An der nächsten Kreuzung geht es erneut nach links und angenehmer weiter aufwärts, bis Sie eine weitere Fußgängerbrücke überqueren. Nehmen Sie sich immer wieder Zeit, die Blicke ins Tal über Kinlochleven, den See Leven und die beeindruckende Bergpyramide des Pap of Glencoe schweifen zu lassen.

Bis Ende des 19. Jh. war Kinlochleven eine kleine Ansiedlung mit einer Handvoll Häusern und einer Jagdhütte. Aufgrund seiner Lage an waldreichen Hängen und üppigen Wasserressourcen wurde es jedoch als Stätte für industrielle Entwicklung im Hochland auserkoren. Die North British Aluminium Company errichtete 1905 eine große **Aluminiumschmelze** mit den dazugehörigen Häusern für die Arbeiter in der Ortschaft am Loch Leven.

Der hohe Energiebedarf wurde durch den Bau des großen, hoch gelegenen Blackwater Reservoir gesichert. In der Hochzeit beschäftigte das Werk fast 800 Menschen und Kinlochleven war eine lebendige Gemeinde mit Schule, Kino, Läden und Gemeindehalle.

Das (heute noch betriebene) Wasserkraftwerk im Ort führte dazu, dass Kinlochleven als „Electric Village" in die Geschichte einging, als einer der ersten europäischen Orte mit elektrischer Straßenbeleuchtung und einem Stromanschluss in jedem Haus. Seit dem Niedergang der Industrie versucht sich der 1.000 Einwohner große Ort als Zentrum des Outdoor-Tourismus neu zu erfinden.

Nach gut 1 km erreichen Sie eine Asphaltstraße und wenige Meter rechts weiter das ehemalige Mamore Lodge Hotel. Die Aluminiumfirma errichtete das Gebäude 1903 für einen Schiffsmagnaten im Austausch für Land, das die Gesellschaft für zusätzliche Arbeiterwohnhäuser benötigte.

Coire na Bà (gc)

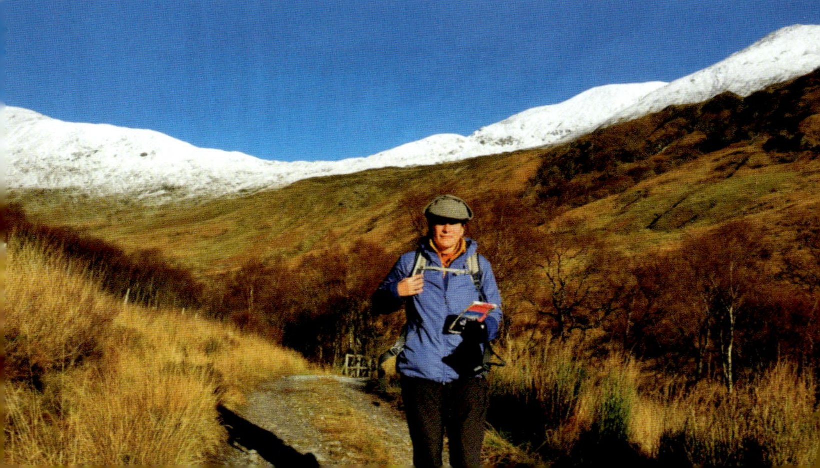

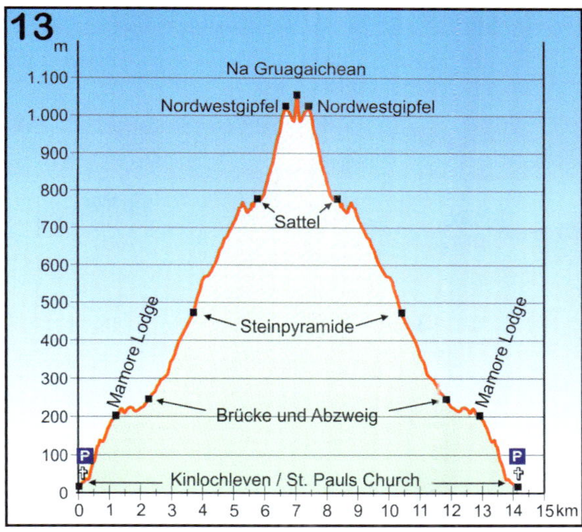

Gleich bei der Mamore Lodge stoßen Sie auf die alte Militärstraße, die linker Hand zum West Highland Way führt. Sie wandern jedoch an der Kreuzung nach rechts und passieren die Gebäude der Jagdhüter – ein Pfad führt um das Anwesen herum. Gemächlich wandern Sie durch Birkenwald und erreichen nach ca. 2,3 km eine Brücke über den Allt Coire na Bà. Direkt hinter der Brücke biegen Sie vom breiten Hauptweg nach links (Richtung Norden) ab und passieren ein Metallgatter. Ihr Weg führt an einer Reihe von Schafställen vorbei, dann aufwärts ins weite Tal des Coire na Bà. Auf dem Weg müssen Sie einige Bäche kreuzen. Ihr Pfad wird zunehmend feucht und stellenweise undeutlich. Vor Ihnen türmen sich die Berghänge von Am Bodach (alter Mann), Stob Coire a'Chàirn (spitzer Gipfel des Kars der Steinpyramide) und An Gearanach (möglicherweise: kurzer Bergrücken) auf. Rechter Hand können Sie den Doppelgipfel des Na Gruagaichean erblicken.

Viele Wanderungen in Schottland folgen den Spuren schottischer Viehtreiber, der berühmten **Drovers**. Jahrhundertelang zogen diese Männer des Hochlands mit ihren Herden von Hochlandrindern und Schafen jährlich zu den Tiermärkten in Richtung Süden, nach Crieff, Falkirk und in andere Orte. Da die nährstoffarmen Böden und das raue Klima großflächige Landwirtschaft unmöglich machten, hatten die Tierzucht und der Tierhandel in den nördlichen und westlichen Regionen

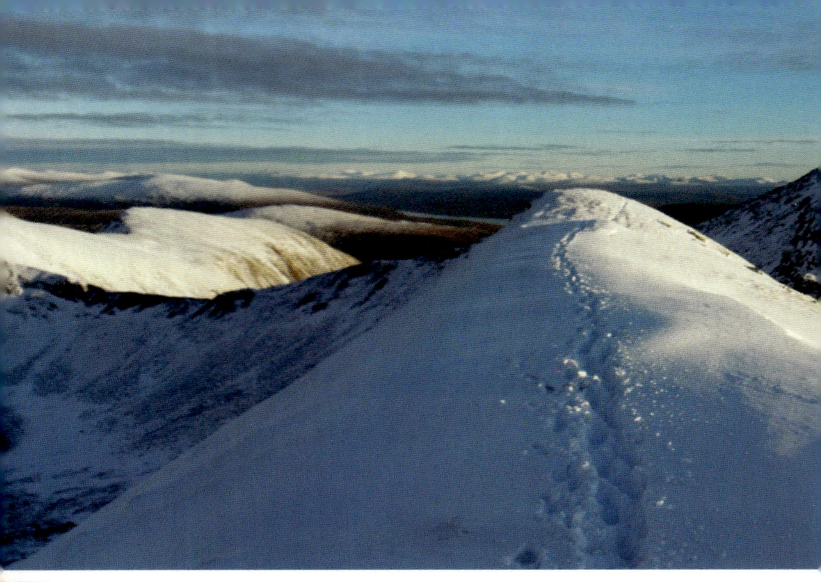

Auf dem Weg zum Gipfel (gc)

Schottlands schon immer eine bedeutende Rolle für das wirtschaftliche Überleben der Clans und Dorfgemeinschaften gespielt. Jeden Spätsommer sammelten die „schottischen Cowboys" 100 bis 2.000 Kopf starke Herden von Hochlandrindern und kräftigen Schafen der Region und begannen mit dem langen und oft gefährlichen Marsch in Richtung Süden. Flüsse mussten gekreuzt, Pässe überquert und Meeresarme durchschwommen werden. Auch Viehdiebstahl durch „Kollegen" stellte eine stete Gefahr dar. Die Hochzeit der Viehtriebe war vom 17. bis ins frühe 19. Jh. Erst einschneidende Veränderungen in der Landwirtschaft, die Einführung neuer, fetterer Tierrassen und die Entwicklung neuer Transportwege und -mittel (Dampfschiff und Eisenbahn) brachten das Ende für schottische Cowboys wie Rob Roy MacGregor.

Nach ca. 3,5 km passieren Sie eine kleine Steinpyramide. 200 m weiter schwenkt Ihr Weg vor einem neuerlichen Wasserarm nach rechts (östlich). Er steigt am Rande einer grasigen Fläche parallel zum Bach aufwärts und führt Sie in einem großen Bogen in südsüdöstliche Richtung bis unterhalb des Gipfels von Na Gruagaichean. Nach knapp 5 km wendet sich der für Tragtiere bei der Wildjagd geschaffene Weg wieder in Richtung Norden und bringt Sie nach einigen letzten Kurven auf den Sattel zwischen Stob Coire a'Chàirn und Na Gruagaichean (km 5,8). Sie haben jetzt eine Höhe von 783 m erreicht und fantastische Blicke über die Bergwelt der Mamores mit Ben Nevis in der Ferne. Jetzt beginnt der technisch anspruchvollste Teil der Tour.

Sie wenden sich nach rechts und wandern bis zu einer breiten Fläche (850 m) auf dem Grat aufwärts. Hier beginnt nun der letzte und anstrengendste Anstieg zu den beiden Gipfeln des Munros. In großen Kurven laufen Sie über steiniges und grasiges Gelände bergan, Quarzitblöcke umgehend, und erreichen schließlich nach insgesamt 6,5 km die nordwestliche Spitze von Na Gruagaichean auf 1.036 m. Ihr endgültiges Ziel ist in greifbarer Nähe. Steigen Sie nun sehr vorsichtig den steinigen Grat 30 Höhenmeter in südöstliche Richtung abwärts zu einem kleinen Sattel. Ein letzter Anstieg über felsiges Gelände bringt Sie schließlich zum Hauptgipfel mit seinen luftigen 1.055 m Höhe. Bei schönem Wetter können Sie hier lange Zeit die fantastische Aussicht auf die Bergwelt von Lochaber genießen.

Für den Rückweg folgen Sie denselben Pfaden. Sie können jedoch, falls Sie sich sicher fühlen, einen Teil des langen Bogens unterhalb des Gipfels abkürzen, indem Sie quer durchs Gelände laufen.

Auf dem Gipfel (gc)

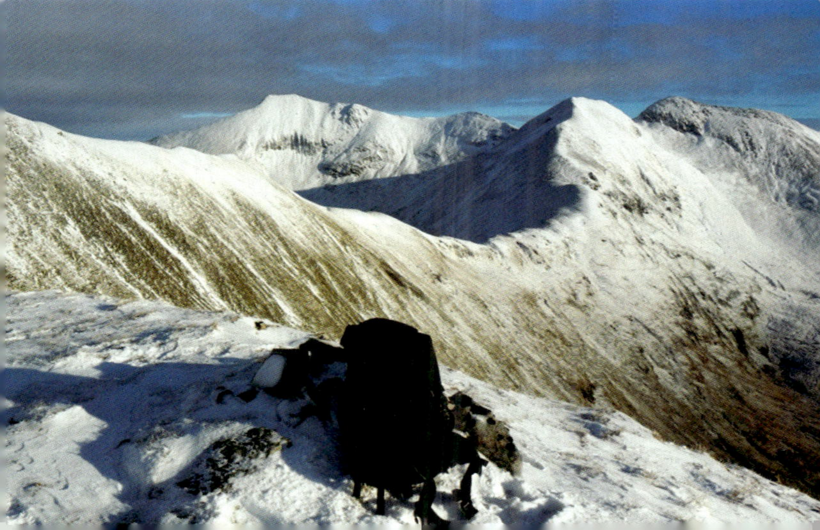

14 Panoramawanderung auf die Berge Aonach Mòr und Aonach Beag

Tour für Naturliebhaber

Aonach Mòr (großer Bergrücken) und Aonach Beag (kleiner Bergrücken) sind zwei der höchsten Berge in Großbritannien. Sie liegen direkt nordöstlich des luftigsten Gipfels des Landes, Ben Nevis, und bieten beeindruckende Aussichten auf dessen Nordflanke. Zudem können Aonach Mòr und Aonach Beag mithilfe von Schottlands einziger Gondelbahn relativ einfach erklommen werden. Die 1989 errichtete Nevis Range Mountain Gondola bringt neben Skifahrern und Wanderern inzwischen auch Mountainbiker zur Bergstation auf 655 m Höhe – Fort William hat sein Outdoor-Portfolio um eine Weltmeister-Downhill-Abfahrtsstrecke erweitert. Obwohl die sportliche Infrastruktur den landschaftlichen Reiz der direkten Umgebung mindert, ermöglicht die Nutzung der Gondel auch weniger „bergfesten" Wanderern das Besteigen zweier Munros und macht die Tour außerdem für Familien reizvoll. Trotzdem sollte die Wanderung nicht unterschätzt werden, da sie streckenweise weglos aufwärtsführt, eine leichte Kletterstelle enthält und Navigationsgeschick erfordert.

Start/Ziel: Bergstation der Nevis Range Mountain Gondola, N 56°50.190' W 004°58.354'

12,1 km (Hin- und Rückweg). Es ist auch möglich, lediglich Aonach Mòr zu besteigen (8,7 km Hin- und Rückweg).

4 Std. bis 4 Std. 30 Min.

916 m/916 m, anfänglich steiler, streckenweise felsiger Anstieg

622-1.234 m

keine Markierung

Einkehrmöglichkeit im Snowgoose Restaurant und in der Pinemartin Cafébar an der Tal- bzw. Bergstation

Rastmöglichkeiten an den Gipfelpyramiden

nächste Einkaufsmöglichkeiten in Fort William

WC Toiletten in der Tal- und Bergstation der Nevis Range Mountain Gondola

Besonders die kürzere Variante mit nur einer Gipfelbesteigung bietet dank der Gondelfahrt einen spannenden, abwechslungsreichen Tag. Nahe der Talstation gibt es auch noch einen Klettergarten für abenteuerlustige Kinder und Erwachsene.

Die Gondelfahrt und Spaziergänge zu zwei Aussichtspunkten sind mit Buggy machbar (40 Min. bzw. 60 Min.), die felsigen Wege auf die Gipfel jedoch nicht.

Hunde haben Zugang zur Gondelbahn, müssen jedoch auf der Wanderung wegen Tierwechsel (Schafe und Wild) angeleint sein und haben keinen Zutritt zu Cafébar und Restaurant.

P kostenloser Parkplatz an der Talstation der Gondel (10 km nordöstlich von Fort William unweit der A82 gelegen)

Der öffentliche Bus (Stagecoach Nr. 41) von Fort William nach Roy Bridge passiert mehrmals täglich die Nevis Range Station.

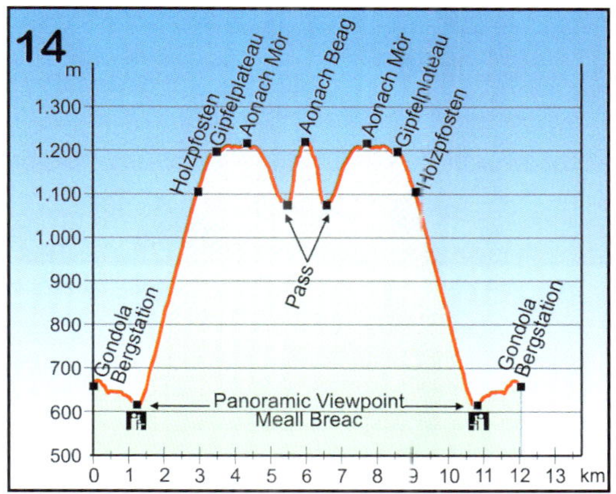

Obwohl Aonach Mòr (Berg mit großem Bergrücken) mit seinen 1.221 m 13 m niedriger ist als der benachbarte Aonach Beag (Berg mit kleinem Bergrücken, 1.234 m) wirkt Ersterer vom Great Glen aus gesehen massiger und beeindruckender und erhielt deshalb das „groß" im Namen.

Nehmen Sie die Gondel von der Talstation der Bergbahn zur Nordflanke von Aonach Mòr. Am Gebäudeausgang der Bergstation halten Sie sich rechts in westlich-südwestliche Richtung und passieren einen Spielplatz, das Pinemartin Café und die Mountainbike-Downhill-Strecke. Ein zunächst breiter, ausgeschilderter Track führt Sie abwärts unter einem der Skilifte hindurch Richtung Meall-Breac-Aussichtspunkt (rundlicher gefleckter Hügel). Der Weg verschmälert sich und wird eben. Nach 1,3 km erreichen Sie über einen kleinen Plankenweg den „Panoramic Viewpoint". Nach Blicken ins Tal geht es zurück über die Planke und direkt dahinter auf einen kleinen Pfad nach rechts Richtung Bergrücken. Der Weg ist nicht immer leicht zu erkennen, gelegentlich verschwindet er fast vollständig. Zur Orientierung halten Sie sich zwischen dem Taleinschnitt rechter Hand und einer Reihe von Skiliften linker Hand. Sie wandern stetig und streckenweise steil aufwärts und erblicken bald das Ende des östlichsten Sessellifts des Nevis-Range-Skigebiets. Fast weglos

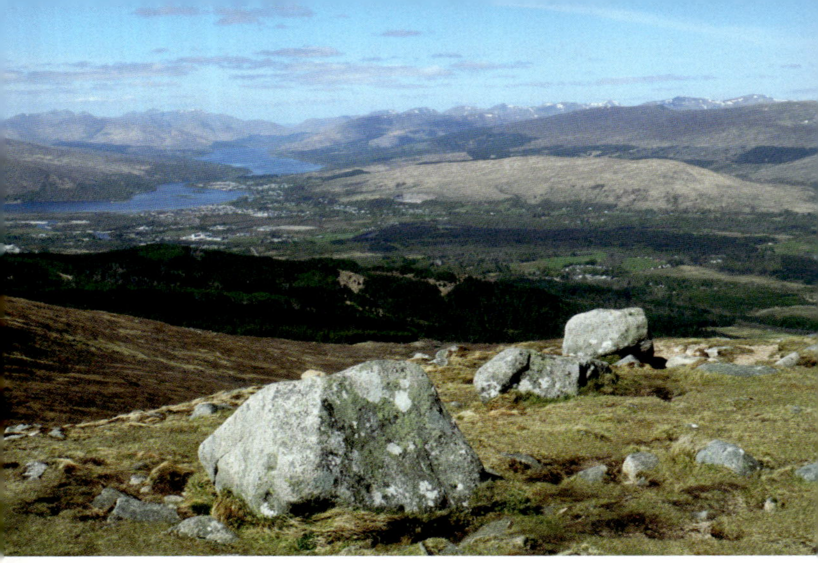

Blick von der Bergstation der Nevis Range Mountain Gondola

gehen Sie darauf zu und stoßen nach knapp 3 km Wegstrecke auf einige Holzpfosten. Ihr Pfad ist nun streckenweise wieder deutlich erkennbar und schwenkt auf einen Holzzaun zu, der Sie vom höchstgelegenen Sessellift trennt. Vergessen Sie nicht, sich immer wieder umzublicken und die spektakulären Aussichten auf Carn Mor Dearg (großer roter Berg) und die Nordflanke des Ben Nevis zu genießen.

Bis Ende des 18. Jh. war nicht klar, dass der „furchterregende Berg" **Beinn Nibheis/Ben Nevis** mit seinen 1.344 m die höchste Erhebung in Großbritannien ist. Ben MacDui im Cairngorm-Massiv galt bis dahin als die Nr. 1 im Land, ist jedoch tatsächlich 30 m niedriger.

Ben Nevis – landesweit nur „The Ben" genannt – wird als Hausberg von Fort William angesehen, ist vom Ort aus allerdings nicht zu sehen. Er gehört zu den westlichen Highlands und ist Teil der Grampian Mountains. Entstanden vor rund 400 Millionen Jahren, erschien er erstmals 1654 auf einer Karte. 1883 wurde auf dem Gipfel eine Wetterwarte errichtet, die 21 Jahre lang täglich Temperatur und Windstärke dokumentierte. Ein Anbau der Wetterstation diente bis zum Ersten Weltkrieg als Hotel. Noch heute sind Ruinenteile der Anlage sichtbar und dienen als Notunterschlupf und Lagerraum der Bergwacht. Um Daten für die Effektivität eines Observatoriums zu sammeln, hatte der ortsansässige Clement Wragge den Berg zuvor übrigens zwei Jahre lang fast täglich für Messungen erklommen.

Heute ist die Besteigung des Berges deutlich einfacher als für Wragge. 1999 kaufte die Naturschutzorganisation John Muir Trust das Ben Nevis Estate und sorgt seither für Schutz und Pflege des Landes. Die ehemalige Pony-Versorgungsroute für das Observatorium wurde zu einem guten Wanderweg ausgebaut, um dem Ansturm der geschätzten 150.000 Wanderer und „Bergsammler" jährlich gerecht zu werden. Die Route beginnt am Glen-Nevis-Besucherzentrum und führt in 5-7 Std. zum Gipfel. Trotz „Touristen-Autobahn" ist die Wanderung nicht ungefährlich und fordert jährlich mehrere Tote. Grund dafür sind abrupte Wetterwechsel sowie unzulängliche Ausrüstung und Leichtsinn.

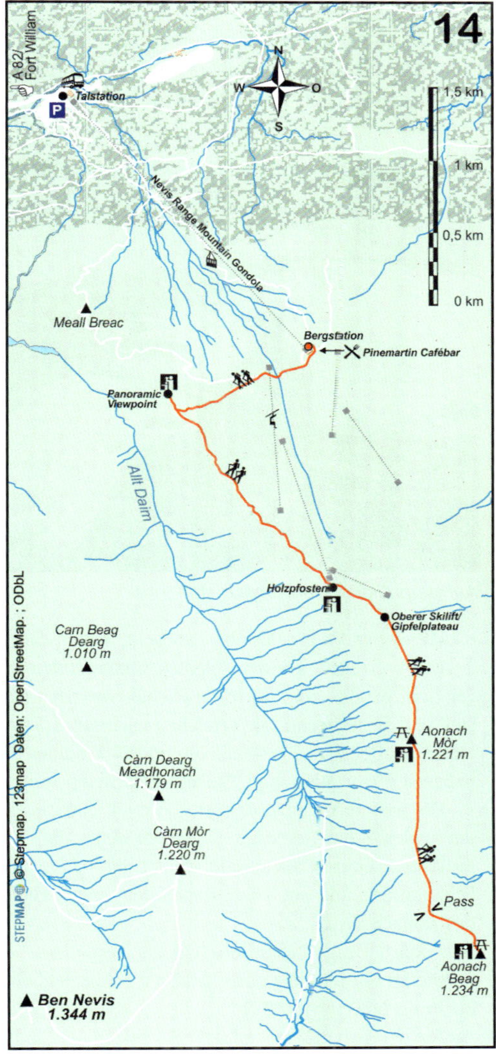

Ben Nevis ist auch regelmäßig Schauplatz für sportliche Wettkämpfe. Jeden ersten Samstag im September treten über 500 Läufer in den Wettstreit um die schnellste Erklimmung des Ben. Der Rekord steht seit den 80er-Jahren unverändert für Auf- UND Abstieg bei 1 Std. 25 Min. für Männer und 1 Std. 43 Min. für Frauen.

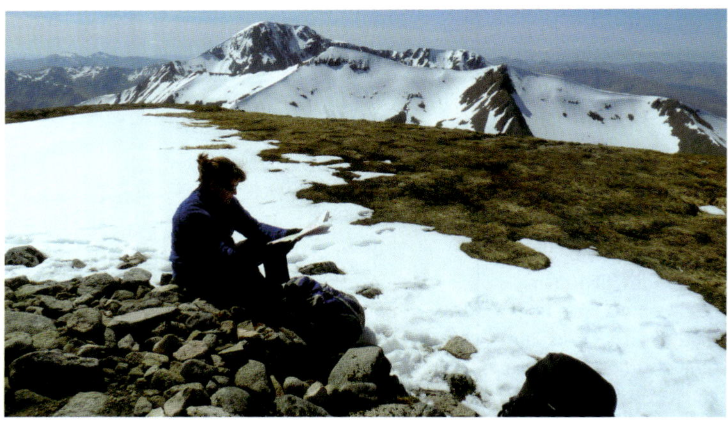

Auf dem Gipfel von Aonach Mòr (gc)

Wenn der Weg schließlich abflacht, haben Sie bereits eine Höhe von gut 1.100 m erreicht. Die Holzpfosten verschwinden wieder, ebenso der Pfad. Sie wandern parallel zum höchsten Ziehlift weiterhin aufwärts, nun jedoch weniger steil und anstrengend. Sie erreichen nach gut 3,5 km das Gipfelplateau und die Hütte des obersten Ziehlifts. Nun noch 1 km über die Ebene gewandert und Sie haben sich eine ausgiebige Pause an der Steinpyramide des Aonach Mòr verdient.

Die weitere Orientierung ist nun recht einfach. Ein deutlicher Pfad verbindet die beiden Schwesterberge. Sie laufen weiter über das Gipfelplateau, bevor sich Ihr Weg zu einem Pass abwärts windet. Ihr letzter Anstieg führt über ein steiniges Feld aufwärts und gut 1,5 km nach dem ersten Gipfel stehen Sie auf der Spitze des Aonach Beag.

Aonach Beags Nordflanke gilt als besonders „schneesicher" und hält den Rekord als Ort mit dem dauerhaftesten Schneefeld Großbritanniens – vom Herbst 2006 bis November 2011.

Auf demselben Weg, auf dem Sie gekommen sind, geht es nun wieder zurück.

15 Auf postindustriellen Spuren – von den alten Fabrikanlagen in Kinlochleven ins einsame Rannoch Moor

Zweitagestour für Liebhaber von Natur, Geologie und Industriekultur

Auch das einsame, karge Hochland von Schottland kann mit einer industriellen Vergangenheit aufwarten. Zwar konzentrierte sich die industrielle Revolution im Norden Großbritanniens vor allem auf den rohstoffreichen Zentralgürtel Schottlands, aber auch das Hochland blieb nicht verschont. Dort sorgte der Reichtum an den natürlichen Ressourcen Holz und Wasser dafür, dass bereits ab dem Mittelalter in den verschiedensten Ecken Gerbereien, Eisen- und Bleischmelzen entstanden. Im 20. Jh. konzentrierte man sich vor allem auf den Bau von Wasserkraftwerken und in den letzten 10 Jahren auf die Errichtung von Windturbinen.

Bei dieser anspruchsvollen Zweitagestour können Sie einigen Spuren industrieller Nutzung begegnen, aber auch die wilde, raue Einsamkeit des größten zusammenhängenden Moorgebiets Schottlands erleben. Die Tour ist die längste Wanderung in diesem Buch. Die 1. Etappe führt Sie von Kinlochleven am Blackwater Reservoir vorbei zum abgelegensten Bahnhof Großbritanniens. Am 2. Tag wandern Sie rund um den einsamen Loch Ossian, der in Berge, Heidelandschaft und Waldanlagen eingebettet ist, zurück zur Corrour Station an der West Highland Railway Line. Die Tour ist technisch nicht anspruchsvoll, fordert aber Ausdauer und ein gewisses Navigationsgeschick aufgrund mooriger und fast pfadloser Wegabschnitte.

→ Start: Kinlochleven Ice Factor, GPS N 56°42.851' W 004°57.709';
Ziel: Bahnhof Corrour Station, GPS N 56°45.624' W 004°41.457'

insgesamt 39,4 km: 1. Tag bis Corrour Station: 25,9 km, 2. Tag rund um Loch Ossian: 13,5 km

1. Tag: 7 Std. bis 8 Std. 30 Min., 2. Tag: 4 Std. 30 Min. bis 5 Std. 30 Min.

↑↓ 1. Tag: 634 m/258 m, 2. Tag: 114 m/95 m

12-563 m

gelegentlich Hinweistafeln

Einkehrmöglichkeit im Station House, direkt an der Corrour Station gelegen

Bothy am Loch Chiarain (Tag 1, km 12,3)

Coop-Supermarkt in Kinlochleven

WC öffentliche Toiletten nur in Kinlochleven (nahe Ice Factor)

idyllisch gelegenes SYHA-Rustic-Öko-Hostel am Loch Ossian (20 Min von Bahnstation), in Zukunft eventuell auch wieder Übernachtungsmöglichkeiten im Station House an der Corrour Station

wegen schmaler, steiler Stellen, Feuchtigkeit und gerölligem Weg nicht möglich

Wegen der Länge und der fehlenden kindgerechten Highlights nicht empfehlenswert, nur die Flussstrecke des 1. Tages ist aufgrund der Wasserfälle spannend.

Hunde könnten den Großteil der Strecke frei laufen, eventuell ist Hilfestellung an Flusskreuzungen notwendig. Allerdings ist es nicht möglich, Hunde in die Jugendherberge mitzunehmen.

P kostenfreier Parkplatz an der Kletterhalle Ice Factor, Parkmöglichkeit am Bahnhof Rannoch, kein Straßenzugang zur Corrour Station

Start: regelmäßige Busverbindung zwischen Fort William und Kinlochleven (Stagecoach Nr. 44), Ziel: Bahnverbindung zwischen Glasgow/Fort William und Rannoch Station

☺ Dank des Bahnanschlusses haben Sie auch die Möglichkeit, die Etappen der Zweitageswanderung als zwei unabhängige Tagestouren durchzuführen.

Erster Tag

Ihre Wanderung beginnt an einem der hohen Gebäude der ehemaligen Aluminiumschmelze, das nun die größte Eiskletterhalle Europas beheimatet – The Ice Factor.

Sie passieren die Kletterhalle und eine Kleinbrauerei (im zweiten Turm) und stoßen gleich dahinter auf die Blackwater-Hostel-Jugendherberge mit angeschlossenem Campingplatz. Hier gehen Sie rechts, am Elektrizitätswerk entlang. Am Ende des Weges stoßen Sie auf die Markierung des bekanntesten Fernwander-

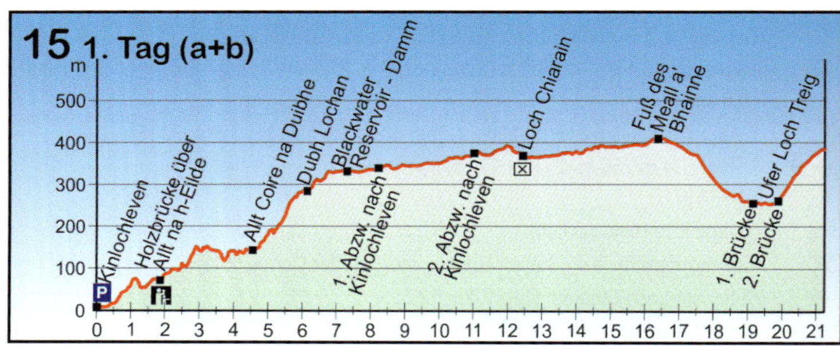

weges Schottlands (West Highland Way), das Distelzeichen. Sie folgen diesem jedoch nicht, sondern gehen links über eine Brücke und halten sich danach gleich rechts auf den untersten Pfad. Der Weg steigt an und Sie erreichen eine T-Kreuzung; hier geht es nach rechts. Sie folgen nun dem von Laubbäumen gesäumten, idyllischen Tal des Flusses Leven.

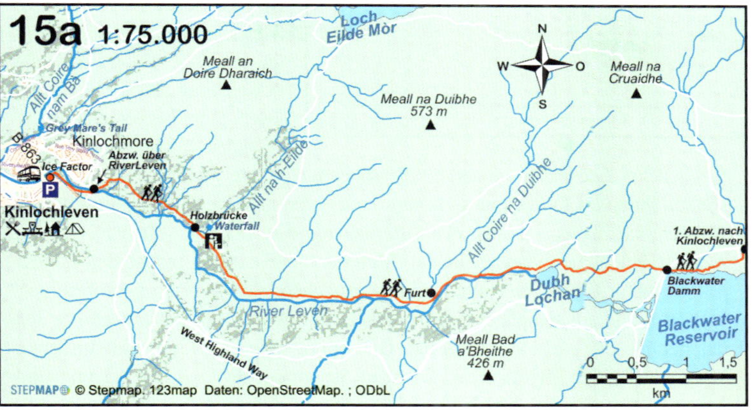

Nach knapp 2 km erreichen Sie eine kleine Holzbrücke und kurz darauf einen schönen Aussichtspunkt mit Blick auf einen kleinen Wasserfall am Allt na h-Éilde (Bach der Hirschkühe). Ein Stück weiter treffen Sie auf einige versteckte Gebäude- und Mauerreste, Spuren eines Lagers deutscher Gefangener, die im Ersten Weltkrieg am Wasserleitungssystem für das Blackwater Reservoir mitarbeiteten. Der Pfad ist stellenweise sehr feucht und anstrengend zu gehen. Er passiert wiederholt Wasserläufe, Waldhaine und Wasserfälle. Nach 4 km erreichen Sie in der Schlucht eine zerstörte Fußgängerbrücke, Sie können den Bach jedoch etwas oberhalb davon meist problemlos furten. Beeindruckend schießen die Wassermassen über die Steinlandschaft nach unten, während der Pfad nun langsam im Wald aufwärts steigt und die Landschaft schließlich in offenes Moorgelände übergeht. Blicken Sie zurück, um die Sicht auf die Mamore-Berge zu genießen.

Ihr sehr nasser Pfad führt nun oberhalb einer Reihe kleiner Lochs entlang, bis Sie nach insgesamt 7 km Wasserrohrleitungen erreichen. Hier halten Sie sich rechts und stehen nach wenigen Metern am Damm des Blackwater Reservoir. Dieser 13 km lange Wasserspeicher wurde unter großen Mühen und schwierigen Bedingungen bereits im Jahr 1909 von unzähligen hartgesottenen Arbeitern

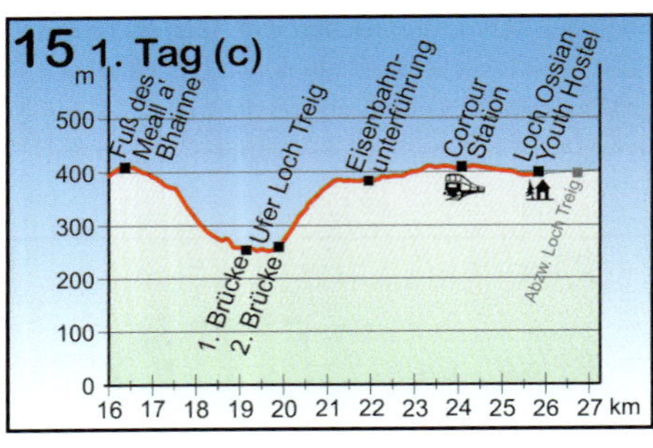

(sowie Kriegsgefangenen) fertiggestellt (Seite 85).

Der weitere Weg verläuft oberhalb des Reservoirs direkt Richtung Osten. Gelegentlich ist das Gelände fast weglos, Sie müssen sich immer wieder im feuchten Untergrund die beste Route suchen und zahllosen Sumpfstellen und Wasserläufen ausweichen. Halten Sie sich im Zweifelsfall immer in Ufernähe. Einige alte metallene Zaunpfosten können Ihnen als Orientierung dienen. Etwa 1 km nach der Staumauer führt ein Abzweig nach links – dies ist eine Alternativroute zurück nach Kinlochleven. Sie wandern jedoch noch einige Hundert Meter den See entlang, bis Sie den Zufluss Allt an Inbhir (Bach der Flussmündung) erreichen, sich langsam vom Reservoir entfernen und auf sumpfigen Spuren aufsteigen. Dies ist der anstrengendste Teil der heutigen Route. Der schwierige Untergrund erfordert Kraft und Ausdauer. Nach gut 11 km Tagesstrecke gelangen Sie erneut an eine Abzweigung und gehen hier geradeaus. Jetzt können Sie wieder leichter ausschreiten und die Blicke in die Weite schweifen lassen. Mit den Bergen Glas Bheinn (grauer oder grüner Berg) und Beinn na Cloiche (steiniger Berg) zur Linken und Beinn a' Bhric (Berg der Forelle oder möglicherweise Berg des Fuchses) zur Rechten wandern Sie zu Ihrem wohlverdienten Pausenstopp am Loch Chiarain (See von Ciaran). Unweit des Wassers bietet Ihnen eine einfache Bothy mit vier Räumen auch bei schlechtem Wetter einen sicheren Unterschlupf.

Auf Ihrem weiteren Weg entlang des Nordufers des Lochs kommen Gamaschen erneut gut zum Einsatz. Es kann sehr feucht werden und am Ende des Sees fordert eine Bachkreuzung Ihre Aufmerksamkeit. Sie fühlen die Ferne der Zivilisation deutlich, während Sie das Flusstal des Allt Fèith Chiarain (Bächlein von Ciaran) entlangwandern und zahllose Wasserläufe von den nahe liegenden Hängen rauschen. Der Pfad führt leicht aufwärts und die Berge rücken deutlich näher. Sie passieren den Fuß des Berges Meall a'Bhainne (runder Hügel der Milch) auf der östlichen Seite und steigen nun fast 150 Höhenmeter ins Gleann Iolairean (Tal am Fuße des Berges) hinab. Der Wegverlauf ist nicht immer ganz eindeutig. Gehen Sie stetig auf den vor Ihnen liegenden, 9 km langen Loch Treig (See des Todes) zu, den Sie schließlich nach 19 km Wegstrecke erreichen. Auch dieser

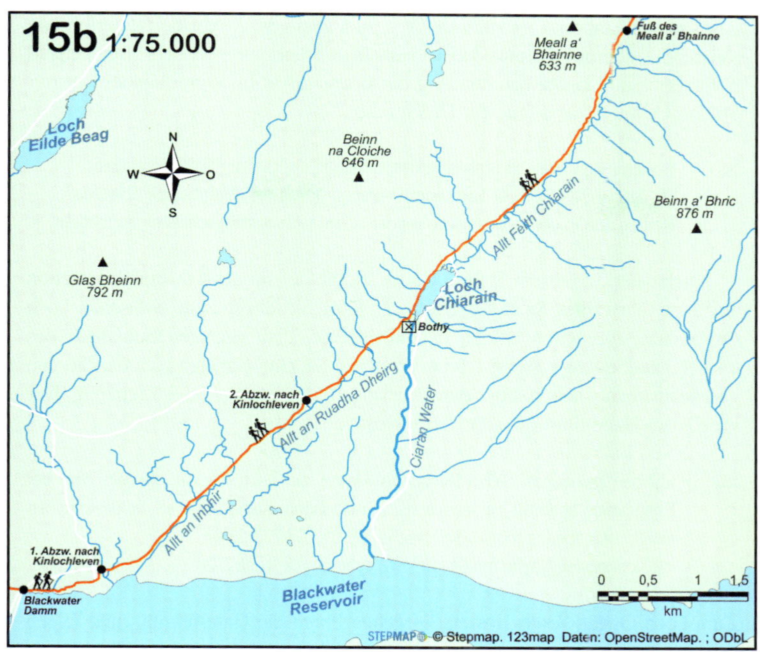

natürliche See wurde gestaut und ist seit 1929 Teil des Lochaber-Wasserkraftsystems. Für die Errichtung des Reservoirs musste ein Teil der West Highland Railway umgeleitet und die kleinen Siedlungen Kinlochtreig (Spitze des Loch Treig) und Creaguaineach (spitzer felsiger Berggipfel) am Südende des Lochs geflutet werden.

Am Südufer des Sees stoßen Sie auf einen Fahrtrack. Sie gehen nach rechts und kreuzen gleich darauf eine neue Holzbrücke. Der Weg passiert eine Reihe von Installationen für die neue Wasserenergieanlage des Corrour Estate. Es bleibt zu hoffen, dass die Bauspuren des *hydro scheme* in den nächsten Jahren wieder von der wilden Natur absorbiert werden. Sie überqueren eine weitere Brücke und wandern auf breiter Schotterpiste rechts aufwärts, stellenweise entlang einiger Rohrleitungen für die Energieanlage. Bald erreichen Sie eine Eisenbahnunterführung. Hier haben Sie zwei Möglichkeiten, je nachdem, ob Sie direkt zur Jugendherberge am Loch Ossian laufen wollen oder Ihr Ziel zunächst die Bahnstation von Corrour ist.

Zur Corrour Station: Der kürzeste Weg zum Ziel verläuft vor der Unterführung weiter. Sie überqueren eine kleine Fußgängerbrücke, folgen dem Trampelpfad nach rechts und laufen dann entlang der Gleise direkt bis zum Bahnhof Corrour Station (Achtung: sehr feuchter Untergrund).

Einkehrmöglichkeit im Station House, direkt an der Corrour Station gelegen, ☏ 013 97/73 22 36, www.corrour-station-house-restaurant.co.uk. Eventuell werden dort in der Zukunft auch wieder Übernachtungsmöglichkeiten angeboten.

Nach einer Einkehr im Station House laufen Sie von der Corrour-Bahnstation auf dem Fahrweg in Richtung Osten. Er führt Sie direkt zum idyllischen Loch Ossian und zur netten kleinen Jugendherberge, dem einstigen Bootshaus des lokalen Landbesitzers. Nach 1,5 km erreichen Sie eine Gabelung, an der Sie sich geradeaus/rechts halten. Kurz darauf gelangen Sie erneut an eine Kreuzung. Der Weg linker Hand führt Sie zum Youth Hostel.

Idyllisch gelegenes SYHA-Rustic-Öko-Hostel am Loch Ossian (20 Min. von der Bahnstation entfernt), Hüttenschlafsack mitbringen! Keine Duschen, dafür Komposttoilette und abends röhren die Hirsche. ☏ 013 97/773 22 07, lochossian@syha.org.uk, www.syha.org.uk, Ü ab £ 20

Zum Loch Ossian Youth Hostel: Sie gehen durch die Unterführung und folgen dem neuen Fahrweg. Dieser bringt Sie nach 2 km an eine Kreuzung. Sie können nun bereits die kleine Jugendherberge direkt am Loch Ossian zwischen einigen Scots Pines erspähen.

Biegen Sie nach rechts und an der nächsten Gabelung nach links ab, um die Jugendherberge am Seeufer zu erreichen.

Schottlands berühmteste Zugstrecke – **die West-Highland-Eisenbahnlinie** – führt von Glasgow bis an die Westküste vor der Insel Skye, nach Mallaig. Sie gilt als eine der schönsten Routen Europas und bietet entlang des Weges ein unvergleichliches Panorama. Als eines der letzten großen Eisenbahnprojekte der Britischen Inseln Ende des 19. Jh. geplant, sollten die Schienen ursprünglich nur die Stadt Glasgow mit Fort William als Zugang zur Westküste verbinden Die Verantwortlichen realisierten jedoch bald, dass man zwar die Küste erreicht hatte, aber von den Fischgründen des Atlantiks immer noch weit entfernt war. Man entschied sich daher, die Linie weiter bis Mallaig zu ziehen, das im Zuge dessen zum modernen Örtchen mit Bahnhof und neuer Kaimole ausgebaut wurde. Die Fertigstellung der Strecke dauerte fast 60 Jahre (mit Teilstrecken nach Oban). Sie gilt als eine der ersten großen Konstruktionen auf der Welt, bei der massiver Beton verwendet wurde, es bedurfte elf Tunnel und vieler Brücken über Bäche und Flüsse. Die Trasse durchs Rannoch Moor stellt eine besondere Meisterleistung viktorianischer Ingenieurskunst dar: Die Bauherren mussten erst mithilfe von Tonnen von Stämmen, Ästen, Steinen und Asche den Moorboden befestigen, bevor Eisenbahnschienen gelegt werden konnten. Noch heute ist die Höchstgeschwindigkeit durchs Rannoch Moor 30 mph, um die Fundamente der Gleise zu schonen.

Die Strecke verläuft meist eingleisig, Züge müssen auf Bahnhöfen auf Überholgleisen (*passing loops*) warten, bis der entgegenkommende Verkehr passiert hat.

Ihren besonderen Ruhm verdankt die West Highland Railway heute nicht nur ihrer landschaftlichen Schönheit, sondern den Verfilmungen der Harry-Potter-Romane, die den Hogwarts Express auf den Schienen der schottischen Eisenbahnlinie reisen ließen. Zweimal täglich können Harry-Potter-Fans auf den Spuren ihres Helden in den Waggons eines Steam Trains von Fort William bis Mallaig dampfen.

Zweiter Tag

Die Jugendherberge im Rücken gehen Sie wieder zur gestrigen Gabelung (zweimal rechts halten). Sie erreichen diese nach ca. 450 m. Geradeaus würden Sie nach 1,5 km erneut die Corrour-Bahnstation erreichen (dort endet die heutige Wanderung), aber Sie wandern nach rechts, Richtung Norden. Ignorieren Sie die

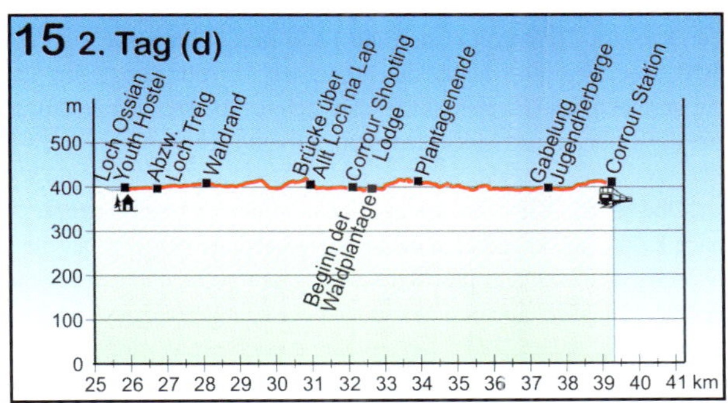

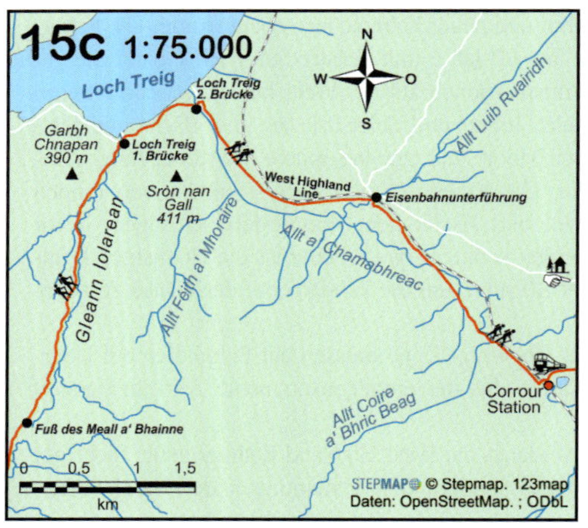

nächsten beiden Abzweigungen und halten Sie sich immer rechts mit Blick auf den schönen See (die Fahrspur nach links ist die gestrige Alternativroute ab der Eisenbahnunterführung von Loch Treig zu Loch Ossian).

Nach knapp 2,5 km erreichen Sie ein großes Waldgebiet, das Sie die nächsten Kilometer begleiten wird. Oberhalb des Waldes erhebt sich Beinn nan Lap, einer der leichter zu erklimmenden Munros Schottlands, und auf der anderen Seeseite erblicken Sie die Gipfel von Carn Dearg (roter, felsiger Berg), Sgor Gaibhre (Gipfel der Ziege) und Sgor Choinnich (vermutlich: spitzer Gipfel des Treffpunkts). Immer entlang des Ufers wandern Sie gemächlich auf dem Fahrtrack. Nach 5,2 km kreuzen Sie die Wasser des Allt Loch na Lap (Bach, der aus dem See des Sumpfes fließt) mithilfe einer Brücke und kurz darauf ist das Ende von Loch Ossian erreicht.

Sie stoßen auf eine Kreuzung und gehen hier nach rechts. Der Weg nach links führt ins Tal Amar Srath Ossian (Kanal des breiten Flusstals von Ossian) und weiter bis zur Tulloch-Bahnstation. Kurz darauf wird das Monument für Sir John Stirling Maxwell passiert (den ehemaligen Besitzer des Landgutes und Mitbegründer der Forestry Commission, der hier Ende des 19. Jh. eine Jagdresidenz erbauen ließ). Der Weg führt hinter der modernen Corrour Lodge mit Saunaanlage her. An der nächsten Gabelung halten Sie sich rechts, kreuzen eine Brücke und gehen bei der Gabelung an einem Holzhaus erneut rechts.

Obwohl das **Corrour-Landgut** direkt an der Viehtreiberstrecke zum Viehmarkt nach Falkirk lag, entstanden die ältesten Gebäude hier erst, als die Jagd im schottischen Hochland in englischen Adelskreisen populär wurde. Anfang des 19. Jh. ließ der damalige Gutsbesitzer südlich der heutigen Corrour Station eine gepflegte Jagdlodge bauen, 1896 folgten eine modernere Version am Ostende von Loch Ossian und weitere Wohnhäuser. Nachdem die schwedische Rausing-Familie

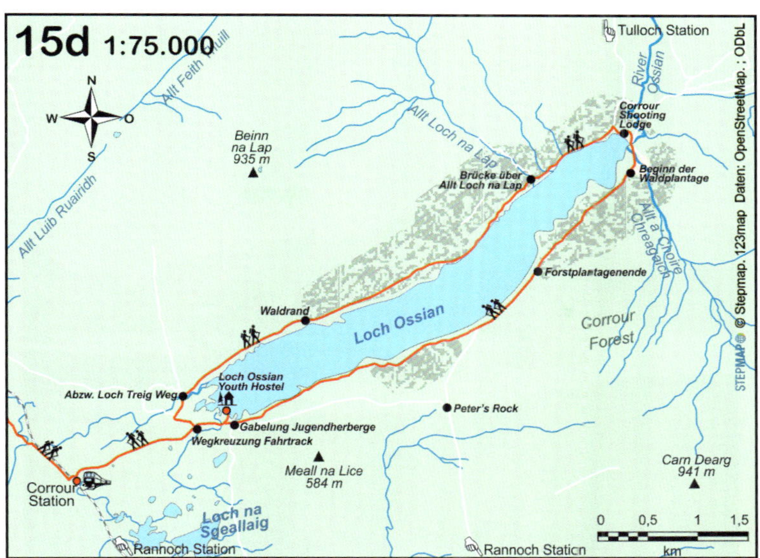

(reich geworden durch Tetra-Pak-Verpackungen) das Landgut 1995 gekauft hatte, wurde die letzte Version der Corrour Lodge in Auftrag gegeben. Nach dem Entwurf des amerikanischen Star-Architekten Moshe Safdie entstand ein modernistisches Luxusgebäude mit weiten Gartenanlagen. Weilt die Familie nicht selbst in der Lodge, bietet diese für zahlungskräftige Kunden gepflegte Entspannung und diverse Aktivitäten wie Angeln, Wandern und Reiten.

Im 19. Jh. entstand auch der abgelegenste Bahnhof Großbritanniens, Corrour Station. Er wurde für den damaligen Landbesitzer errichtet, als Ausgleich für die Nutzung des Landes durch die West Highland Railway Line. Dank des Privatbahnhofes konnten Jagdgäste bequem anreisen. Per Kutsche und Dampfschiff ging die Fahrt dann weiter bis zur Lodge. Erst Mitte des 20. Jh. entstanden Wege für Forstarbeiten, die bis heute nur mit Erlaubnis des Besitzers des Corrour Estates genutzt werden dürfen. Für die Öffentlichkeit sind die eigenen Füße und die Eisenbahn die einzige Möglichkeit, in dieses Gebiet zu gelangen.

Nach insgesamt knapp 7 km erreichen Sie erneut Waldplantagen und wandern nun über 1 km durch den Forst in Richtung Südwesten. Sie treten schließlich aus

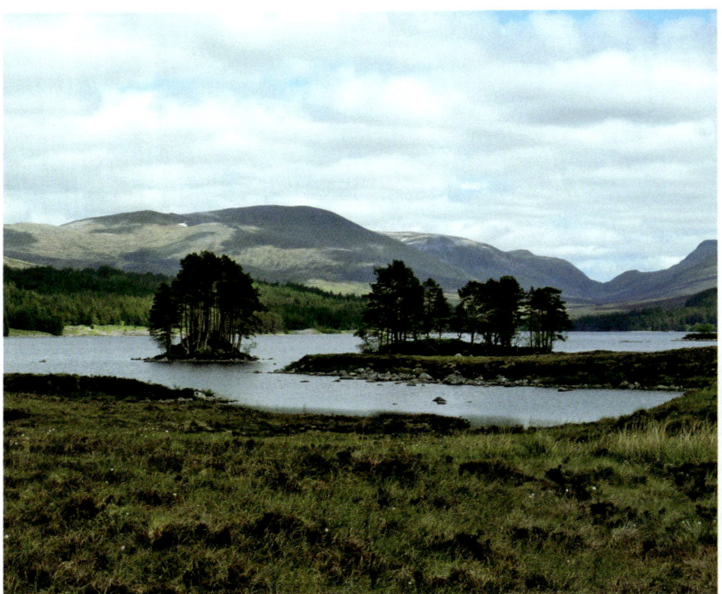

Loch Ossian

den Bäumen (km 8,3) und gehen weiter das Südufer von Loch Ossian entlang. Ignorieren Sie eine Abzweigung bergan nach links (sie führt über Peter's Rock bis zur Bahnstation Rannoch) und Sie sehen bald nach einem Gatter das Ende des Sees. Vor Ihnen türmen sich die Berge des Ben-Nevis-Massivs und des Killiechonate Forest auf.

Die Runde um den See schließt sich und Sie stehen erneut an der Kreuzung, an der es zur Jugendherberge geht. Hier gehen Sie nun immer geradeaus und stoßen nach wenigen Metern auf den breiten Fahrtrack, der Sie linker Hand nach insgesamt 13,5 km zur Bahnstation und zum Station House bringt.

Wester Ross – Gairloch/Kinlochewe

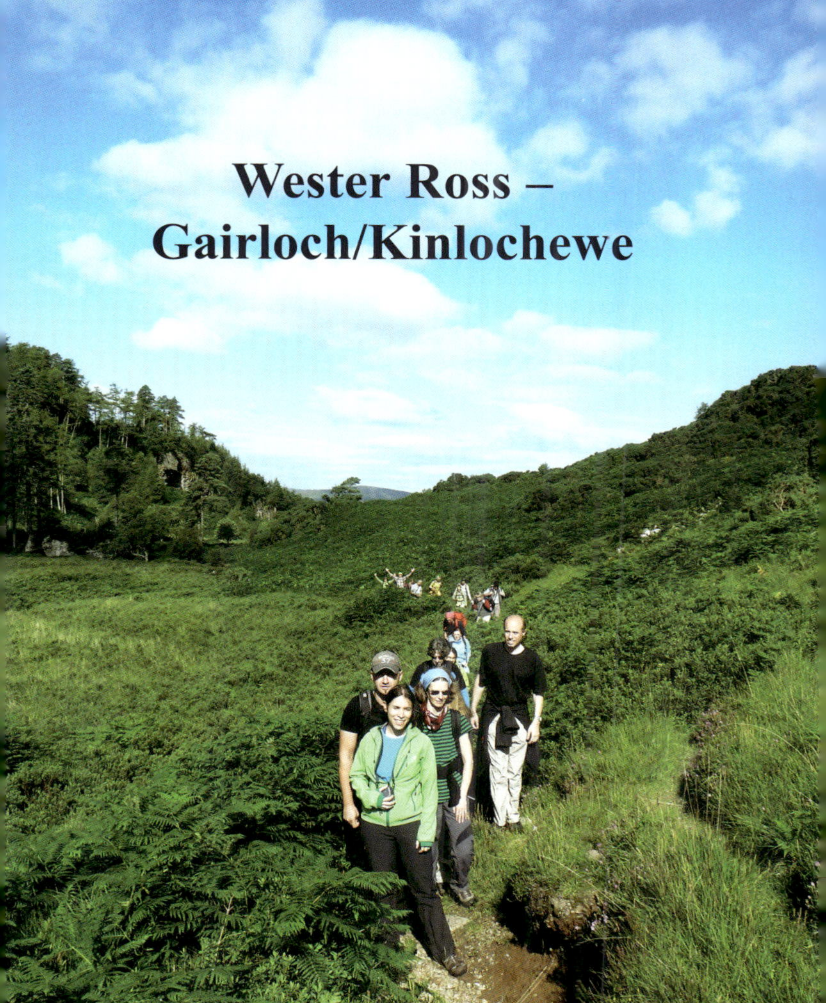

Auf der Gruinard-Bay-Runde (Tour 18)

Wester Ross ist ein ideales Wandergebiet für Freunde von wilder, rauer Einsamkeit. Die Möglichkeiten für Bergsteiger und Wanderer sind äußerst vielfältig: Sie können anspruchsvolle Berge, kristallklare Lochs und aufregende Schluchten erkunden und fantastische Blicke auf die Inselwelt der Westküste genießen. Uraltes Gestein prägt das Landschaftsbild und begeistert jeden Hobbygeologen, ein interessanter botanischer Garten zieht Pflanzenfreunde in seinen Bann. Dank guter Infrastruktur findet der Gast ausreichend Unterkünfte, kulinarische Versorgung und eine Auswahl interessanter Handwerks- und Touristengeschäfte. Lediglich die öffentlichen Verkehrsverbindungen sind begrenzt, weshalb ein eigener Pkw hilfreich, aber nicht unerlässlich ist.

Blick auf Gairloch Beach

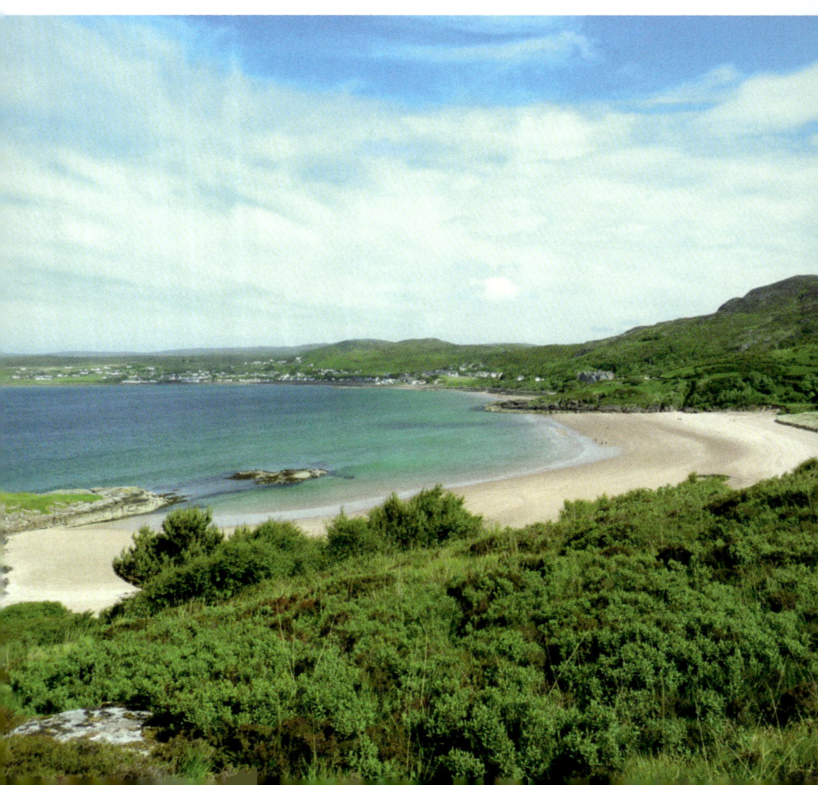

16 Zu den Stränden von Redpoint

Tour für Naturliebhaber und Familien

Diese kurze Rundtour verbindet zwei wunderbare Strände durch einen rauen Pfad entlang der Küste. Die Wanderung beginnt am Ende der einspurigen Straße südlich von Gairloch und führt Sie über Farmgelände an den ersten Strand von Redpoint mit spektakulären Blicken auf die Insel Skye und Applecross. Ein schmaler, oft matschiger Weg führt Sie oberhalb der Küste durch Heidelandschaft zum nächsten Sandstrand unweit des Parkplatzes.

- Start/Ziel: Parkplatz am Ende der B8056, GPS N 57°39.091' W 005°48.177'
- 6,3 km
- 1 Std. 30 Min. bis 2 Std. 30 Min.
- 40 m/40 m
- 1-25 m
- Hinweisschilder am Einstieg, gelegentlich grüne Pfeile
- keine Einkehrmöglichkeit
- Für einen Pausenstopp sind am besten die beiden Strände geeignet.
- Bademöglichkeit an beiden Stränden von Redpoint (km 2,1 und km 5,7)
- tolle Strände zum Laufen und Schwimmen
- Mit Buggys ist die Tour aufgrund des sandigen Untergrunds (Strände) und der feuchten, stellenweise undeutlichen Pfade nicht möglich.
- Hunde müssen auf dem Weg über das Farmgelände angeleint sein, während der Lammzeiten sind Hunde nicht erlaubt.
- P kostenfreier Parkplatz am Start/Ziel
- Für diese Wanderung benötigen Sie einen eigenen Pkw, da es keine öffentlichen Verkehrsmittel nach Redpoint gibt.

Ihre Wanderung beginnt am Ende der Straße B8056, der Sie durch die fantastische Szenerie südlich von Gairloch folgen. Sie passieren dabei die kleinen Crofting-Siedlungen Badacro (Gesträuch am Schafpferch), South Erradale (das kurze Tal an der Küste), Opinan (die kleinen Buchten) und Port Henderson (Crofting ☞ Tour 18) und erreichen Redpoint – benannt nach der Landzunge, an der das Meer Richtung Osten in den Loch Torridon übergeht. Wandern Sie vom Parkplatz in Richtung Süden die Straße entlang, an der Sie schließlich ein Schild Richtung Strand weist. An einem Kissing Gate werden Hundebesitzer dazu angehalten, ihre Hunde anzuleinen, da Sie nun Farmgelände mit vielen Tieren betreten. Sie folgen

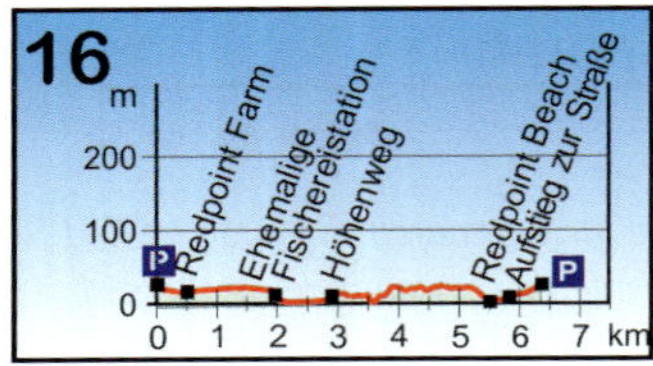

einem breiten Fahrtrack, der Sie direkt an den Gebäuden der Redpoint Farm vorbeiführt. Zahlreiche Schafe grasen entlang des Weges. Er wird zunächst etwas undeutlich, geht jedoch bald erneut in einen besseren Fahrtrack über. Sie passieren eine Reihe von Gattern und begegnen zahlreichen Farmtieren – meist hinter Zäunen. Grüne Pfeile weisen Ihnen immer wieder am Wegesrand die Richtung. Nach 1,3 km treten Sie hinter einem weiteren Tor auf eine große Viehwiese. Hier grasen Kühe, denen Sie umsichtig ausweichen sollten.

Das berühmte **Highland Cattle** (📷 Seite 11) mit seinen geschwungenen Hörnern und dem zotteligen Fell ist eine alte, robuste Rinderrasse, die ursprünglich aus dem Nordwesten Schottlands und von den Hebriden stammt. Es eignet sich besonders gut für die ganzjährige Freilandhaltung in den oft unwegsamen und rauen Gebieten des Hochlandes. Ursprünglich gab es zwei Rassen – die etwas kleinere schwarze Kuh und die größeren Tiere mit rotbraunem Fell.

Lange Zeit nur noch aus Liebhaberei gehalten, erlebt das Hochlandrind seit einigen Jahren eine Renaissance. Andere Rinderrassen geben zwar mehr und saftigere Steaks ab, doch besinnt man sich heute gerne wieder auf das kräftige, schmackhafte und cholesterinarme Fleisch der heimatlichen Rinder. Highland Cattles sind im Allgemeinen gutmütige, phlegmatische Zeitgenossen und beobachten den Wanderer mit einer stoischen Gelassenheit. Einzig wenn Jungvieh in der Nähe ist, sollte man sich den Tieren nicht zu forsch nähern.

Auch außerhalb von Schottland ist das Highland Cattle anzutreffen. 1975 wurden die ersten Hochlandrinder in Deutschland eingeführt, in den USA weiden sie bereits seit Ende des 19. Jh.

Ihr Weg schwenkt nach links und Sie sehen eine Reihe von metallenen Futterkrippen. Sie wandern immer in östliche Richtung, bis der Weg nach knapp 2 km in Richtung Strand abwärtsführt. Dort treffen Sie auf die Reste einer alten Fischereistation, die erst im Jahr 2000 ihre Türen schloss. In der Gemeinde Gairloch existierten einst acht solcher Einrichtungen für die Lachsfischerei.

Genießen Sie die einsame und idyllische Strandszenerie. Vielleicht schrecken Sie einige Schafe von ihren Ruheplätzen in den Dünen auf. Bei Ebbe ist es möglich, die kleine vorgelagerte Insel Tioram trockenen Fußes zu erreichen und zu erforschen.

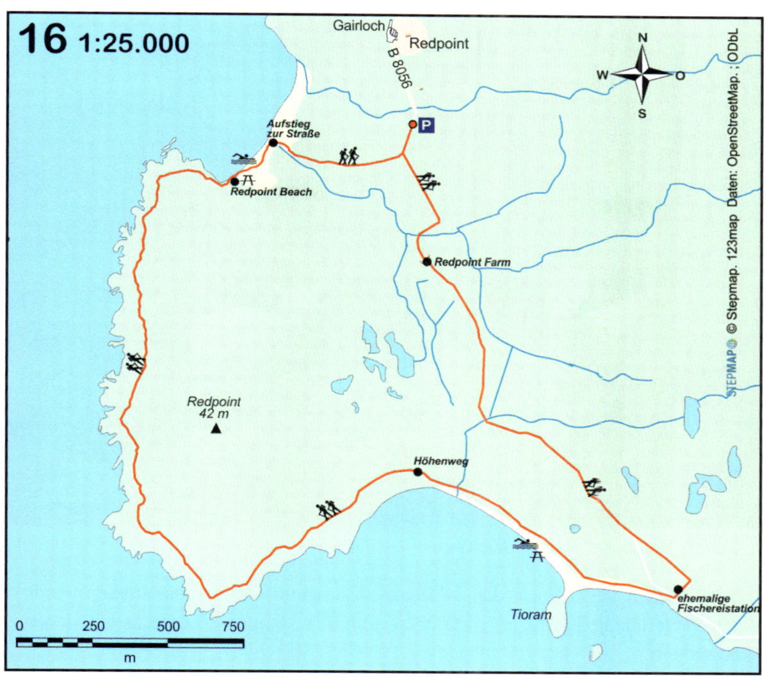

Das allseits präsente **Schaf** ist das wichtigste Nutztier Schottlands. Bei der letzten Zählung 2013 stand den 5,3 Mio. Einwohnern eine Schafsbevölkerung von 6,57 Mio. gegenüber. Den größten Anteil stellten dabei die Lämmer (47 %), den kleinsten die oft sehr teuer gehandelten Böcke (1 %). Die Schafe leben in den bergigen Regionen des Landes und auf den Inseln mehr oder weniger wild. Nur zum Scheren, Impfen usw. werden sie vom Farmer eingefangen. Meist handelt es sich um sogenannte „Blackies" oder Blackface-Schafe, die für die schwierigen Lebensbedingungen in Schottland besonders geeignet sind.

Die wolligen Bewohner werden heute ausschließlich wegen ihres Fleisches gehalten, die Wolle dient lediglich noch als Nebenprodukt, dessen Verkauf bei Weitem nicht mehr die Kosten der Schur deckt. Für viele Kleinfarmer in Schottland stellt die Schafhaltung jedoch auch eine geistige Verbindung zu einer

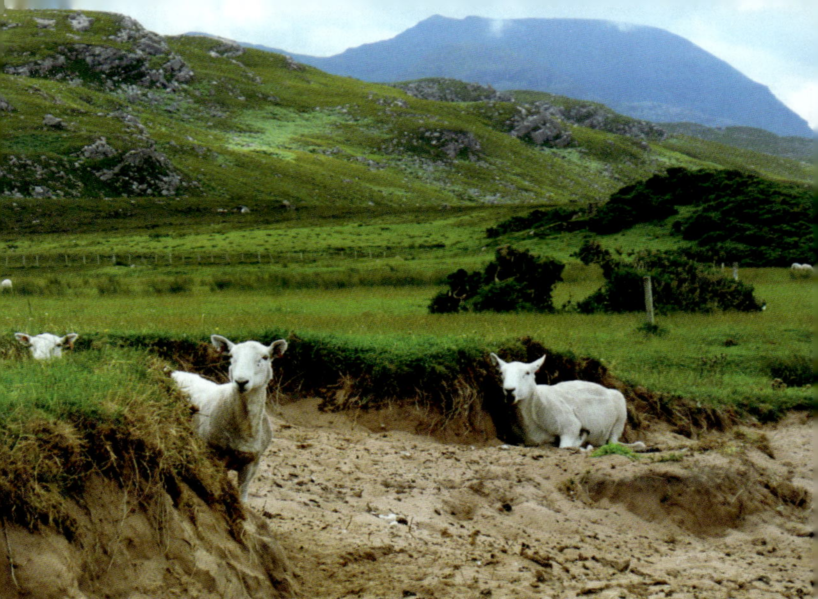

Schafspause am Redpoint Beach

traditionellen Lebensform dar. In kleinen Clan- und Dorfgemeinschaften wurde jahrhundertelang Tierhaltung betrieben – meist kommunal –, um das Überleben zu sichern.

Erst als Ende des 18. Jh. die Nachfrage nach Schafsfleisch und -wolle vielen Landbesitzern im Hochland die kommerziellen Möglichkeiten der Tieraufzucht vor Augen führte, setzte eine dramatische Umstrukturierung der Land- und Tiernutzung ein. Viele Kleinpächter mussten das Land verlassen, um Platz für große Herden von Schafen zu machen. Diese Entwicklung – als „Clearances" bekannt – veränderte das Bild der Highlands entscheidend. Statt Glens mit vielen kleinen Siedlungen und Kleinbauernhöfen blieben weite, offene Gras-/Heidelandschaften voller vierbeiniger Bewohner zurück.

Wandern Sie anschließend an das Nordende des Strandes. Dort sehen Sie oberhalb einen kleinen Trampelpfad, der Sie nach kurzem gerölligen Aufstieg auf ein Heideplateau führt. Sie folgen nun diesem Weg immer an der Küste entlang. Er kann sehr feucht sein, gelegentlich müssen Sie Schlammlöchern ausweichen und sich bei Bachkreuzungen den besten Weg suchen. Für die Mühe werden Sie mit unglaublichen Blicken aufs Meer und die umliegenden Inseln belohnt. An klaren Tagen können Sie die gesamte Ostküste der Trottenish-Halbinsel im Norden Skyes sehen, sogar die Äußeren Hebriden winken aus der Ferne. In Ihrem Rücken leuchten beim richtigen Lichteinfall die Berge von Torridon und linker Hand blicken Sie auf Applecross.

Ihr Weg umrundet die gesamte Landzunge Redpoint, immer in Küstennähe, mit Blicken auf Felsklippen und kleine Steinstrände. Nach gut 5 km haben Sie den nördlichsten Punkt der Landzunge erreicht. Die Küste wendet sich nun Richtung Osten zum nördlichen Strand von Redpoint. Steigen Sie abwärts in Richtung der Zaunreste mit Zaunübertritt und Sie erreichen gleich darauf den wunderbaren Redpoint Beach. Genießen Sie die Weite und die Ruhe. Hinter dem Strand liegt eine große Sanddüne. Passieren Sie diese rechter Hand (südlich). Dabei müssen Sie einen Bach überqueren. Dahinter führt ein sandiger Pfad aufwärts zur Straße und zurück zum Parkplatz.

Redpoint Beach

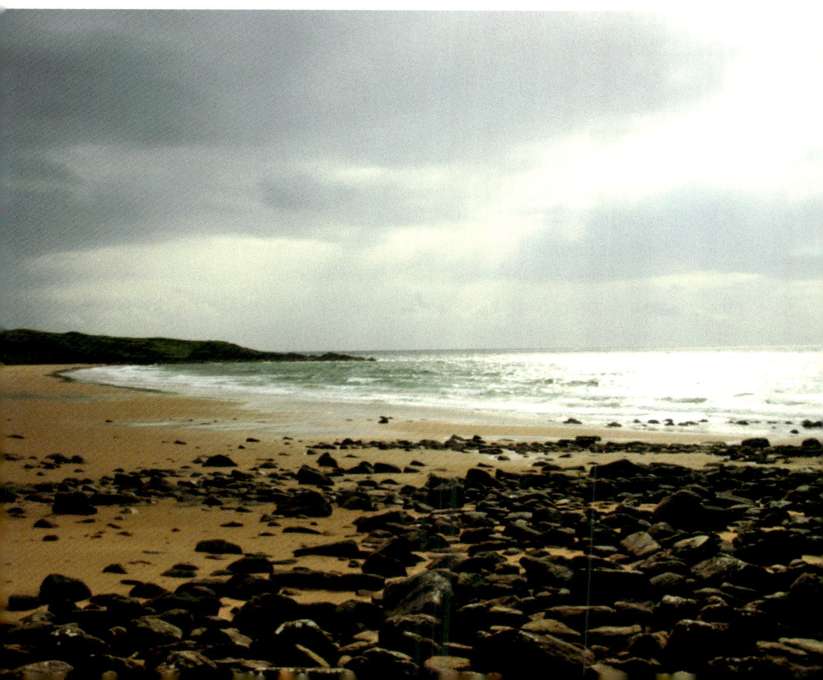

17 Von der Wildnis in die Gärten – Loch-Kernsary-Rundtour und Besuch der Inverewe Gardens

WC ⌘

Tour für Gartenliebhaber und Familien

Diese vielseitige Rundwanderung führt Sie vom Örtchen Poolewe ins einsame Hinterland des Letterewe-Landgutes. Sie wandern zunächst auf einem bequemen Schotterweg zum Loch Kernsary mit fantastischen Blicken auf die umliegende Bergwelt. Ein rauer Fußpfad verläuft am nördlichen Ufer des Lochs weiter und bringt Sie schließlich auf einem idyllischen kleinen Wanderweg zu den bekannten Inverewe Gardens am Loch Ewe.

Start: Poolewe, Post Office, GPS N 57°45.948' W 005°36.282';
Ziel: Inverewe Gardens, GPS N 57°46.507' W 005°35.813'

10,9 km

3 Std. bis 3 Std. 30 Min.

118 m/113 m

6-46 m

gelegentlich Hinweisschilder

Café in Poolewe, Restaurant in den Inverewe Gardens

schöner Rastplatz unter einer Eiche (km 5,8), Bänke (km 9,7)

Shop in Poolewe

WC öffentliche Toiletten in Poolewe (beim Laden) und in den Inverewe Gardens

Schwimmmöglichkeit im Loch Kernsary (km 8)

An der Kernsary Farm grasen meist Ponys, die Inverewe Gardens haben ein besonderes „Fragespiel" für Kinder und es ist möglich, Otter zu sehen.

Die Schotterstraße bis zur Kernsary Farm und auch der Pinewood Trail und die Inverewe Gardens sind geeignet, die restliche Strecke ist wegen des feuchten und felsigen Untergrunds nicht mit Buggys begehbar.

Hunde müssen auf Farmgelände und in Straßennähe angeleint sein und sind in den Gärten nicht erlaubt.

P Parkmöglichkeit im Zentrum Poolewe, kostenpflichtiger Parkplatz an den Inverewe Gardens

öffentliche Busse mehrmals wöchentlich von Gairloch und Inverness nach Poolewe/Inverewe Gardens, einmal wöchentlich von Ullapool (Wester Bus)

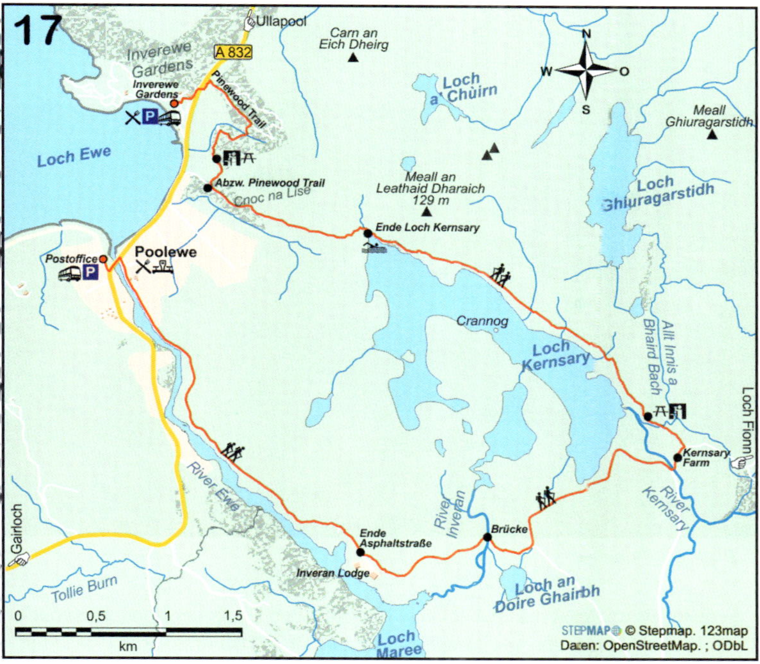

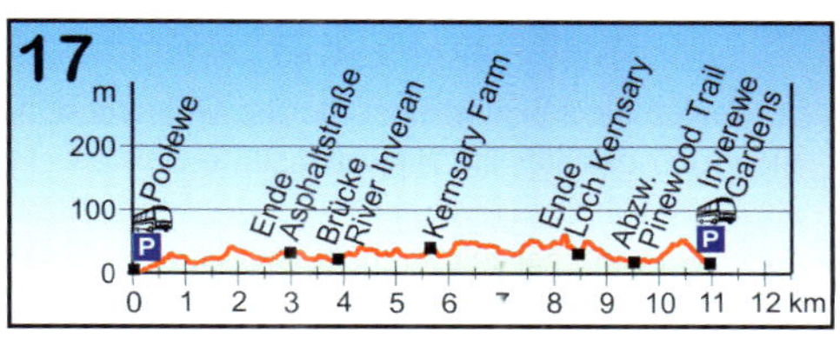

Ihre Wanderung beginnt im „Zentrum" von Poolewe am Laden/Post Office. Das kleine Örtchen war einst ein wichtiger Hafen an der Nordwestküste Schottlands. Hier landeten im 18. Jh. große Viehherden von den Äußeren Hebriden und wurden dann weiter auf die Märkte von Muir of Ord nahe Inverness getrieben. Im Zweiten Weltkrieg diente Loch Ewe als Schutzhafen der anderen Art. Dank der großen Tiefe und des kleinen Eingangs konnten britische Kriegsschiffe die Meeresbucht als sichere Basisstation nutzen. Diese Schiffe eskortierten Versorgungskonvois nach Russland. Es heißt, dass Loch Ewe von der Marine zeitweise so stark

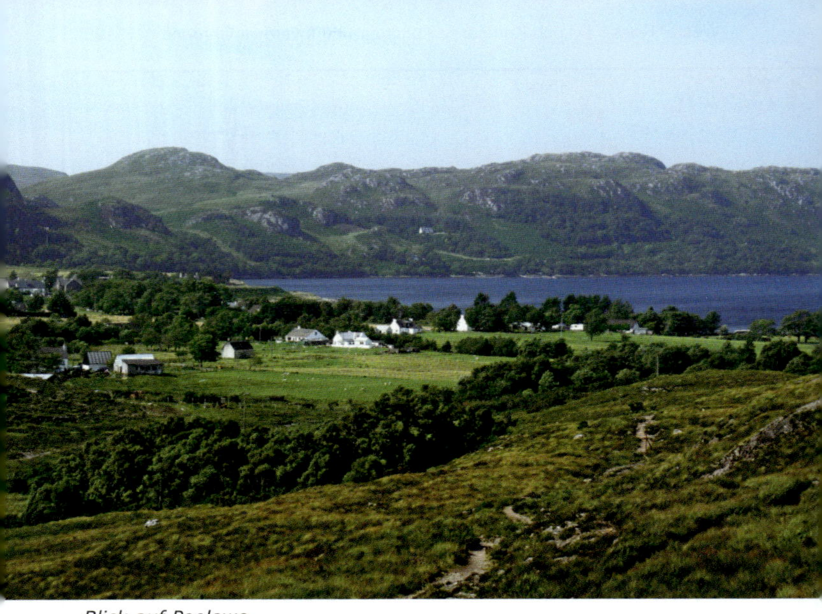

Blick auf Poolewe

frequentiert war, dass man die gesamte Bucht auf den Decks der Boote habe queren können. Insgesamt 481 Handelsschiffe und über 100 Kriegsschiffe ankerten hier über die Jahre. Noch heute stoßen Fischer auf alte Bomben am Meeresboden.

Laufen Sie zunächst über die alte Steinbrücke in Richtung Norden und biegen Sie gleich dahinter am Hinweisschild rechts auf eine kleine private Asphaltstraße ab. Diese führt am idyllischen Ufer des kurzen River Ewe entlang. Oft stehen hier Lachsfliegenfischer mit ihren Angeln im Fluss, während das Wasser über die Felsen sprudelt. Nach 2,2 km passieren Sie ein Gatter. Ab hier ist die Zufahrt mit dem Auto untersagt (Notiztafel) und knapp 800 m später endet die Asphaltstraße am Eingang zur Inveran Lodge, einem Anwesen, das für den Angeltourismus bekannt ist. Sie gehen an dem Gelände der Lodge mit wunderbaren Rhododendronsträuchern im Garten vorbei und folgen weiterhin dem Lauf des Wassers (jetzt der Fluss Inveran) durch lichten Wald mit Birken, Adlerfarn und Vogelbeerbäumen. Atlantische Hasenglöckchen färben im Frühsommer den Boden violett, im Hintergrund leuchten die Berge von Letterewe.

Bequem wandern Sie den Fahrtrack entlang, überqueren eine Brücke und einen Zaunüberstieg und passieren einen eingezäunten Nutzwald. Nach insgesamt knapp 5 km erblicken Sie erstmals Loch Kernsary und die Farm am Ende des Sees. Ihr Weg führt direkt auf das Ufer des Lochs und die Farmgebäude zu. Er schwenkt nach rechts und Sie kreuzen den Kernsary-Fluss. Hier biegt der Fahrweg Richtung Loch Maree nach rechts ab. Sie wandern jedoch nach links, an einigen wunderbaren alten Eichen vorbei und direkt durch den Hof mit Wohnhaus, Schuppen und Hundezwingern. Hinter einem Gatter weist Sie ein Hinweisschild nach links Richtung Poolewe. Rechts führt der Fahrweg zum Loch Fionn, einem weiteren Ziel für Hobbyfischer.

Jedes vorletzte Wochenende im August spielt das Dorf Poolewe mit den benachbarten Gemeinden und Landgütern Gastgeber für eines der anspruchsvollsten Sportereignisse im Hochland: die **Great Wilderness Challenge** (Große Wildnis-Herausforderung). Vor der spektakulären Kulisse von An Teallach (die Schmiede) und den Fannichs (möglicherweise: die Bergkette der Pirsch) gehen und laufen weit über 500 Teilnehmer 11 bis 40 km durch das wilde Hinterland von Wester Ross. Seit dem Jahr 1986 sammeln Einheimische und internationale Gäste mithilfe dieser Veranstaltung Gelder für gemeinnützige Einrichtungen der Region – über £ 3,275 Mio. in 29 Jahren.

Ein undeutlicher Pfad führt nun links des Farmgebäudes an einem Tierzaun entlang. Oft grasen auf dem Gelände Highlandponys, die als Tragpferde für die Wildjagd dienen. Gelegentlich macht auch halbzahmes Rotwild hier Rast. Sie erreichen eine kleine Holzbrücke über den Bach Allt Innis a Bhaird (Bach des Feldes) und gelangen auf der anderen Seite an eine große grüne Wiese mit einem wunderbaren Eichenbaum. Dort lässt sich gut die wohlverdiente Pause mit Blick auf Loch Kernsary genießen (📷 Seite 129).

Anschließend setzen Sie Ihren Weg über die Wiese fort und stoßen am Ende erneut auf den Pfad um den See. Achtung: Die nächsten ca. 700 m können sehr feucht sein. Immer wieder führen kleine Ausweichpfade um die schlimmsten Schlammlöcher herum. Nach knapp 7 km erreichen Sie einen Zaunüberstieg und haben die schwierigste Strecke gemeistert. Die nächsten 1,5 km laufen sich einfacher, aber auch hier müssen Sie immer wieder Trittsicherheit beweisen, wenn Sie sich auf dem steinigen Pfad orientieren. Blicken Sie gelegentlich zurück, um die großartigen Aussichten auf die Fisherfield- und Torridon-Berge sowie den kleinen Crannog im See zu genießen.

Crannogs sind kleine künstliche Inseln aus Steinen, Holz und Buschwerk. Sie wurden ab der Jungsteinzeit im Westen der Britischen Inseln für Mensch und Tier errichtet und stellenweise bis ins 17. Jh. genutzt. Crannogs (*crann* bedeutet im Irischen Baum) boten den Menschen Schutz gegen verfeindete Stämme und wilde Tiere. Die Inseln wurden meist mit Holzhütten und schmalen Unter-Wasser-Verbindungsstegen zum Ufer (aus Holz oder Steinen) versehen. Hunderte solcher Inseln entstanden auf den Seen Schottlands, die meisten zwischen 400 v. Chr. und 200 n. Chr. Sie wurden im Laufe der Jahrhunderte für verschiedenste Zwecke genutzt: als Farmhäuser, Rückzugsmöglichkeiten, Jagd- und Fischstationen und sogar als Urlaubsdomizil.

Nachdem Sie das Ende von Loch Kernsary erreicht haben, wird der Weg besser. Sie wandern durch Heidelandschaft und treten in den Wald Cnoc na Lise (möglicherweise: Hügel des Unheils) ein, der Anfang der 90er-Jahre von Freiwilligen mit einheimischen Baumarten gepflanzt wurde. Kurz vor der A832 in Poolewe stoßen Sie auf einen kleinen, markierten Wanderweg, der Sie durch eine vielfältige Waldlandschaft in 1,5 km zu den Inverewe Gardens führt. Sie folgen ihm nach rechts und laufen zunächst oberhalb einer Wiese mit wunderbaren Blicken auf Loch Ewe. Infotafeln erklären die lokale Flora und Fauna und Bänke laden zu einer Pause ein. Nachdem Sie eine Mauer passiert haben, erreichen Sie einen Zaunüberstieg. Dahinter geht es aufwärts in den Wald, wo Sie kurz darauf auf den markierten Pinewood Trail stoßen. Hier laufen Sie nach rechts. An der nächsten Kreuzung gehen Sie nach links, auf Stufen gemächlich abwärts. Sie erreichen die Autostraße etwas oberhalb der Inverewe Gardens. Achtung beim Kreuzen der Straße! Nach wenigen Metern (links) stehen Sie vor dem Eingang der schönen Gartenanlage.

⌘ Der Inverewe-Garten ist einer der nördlichst gelegenen botanischen Gärten der Welt. Dank des Golfstroms herrschen hier das gesamte Jahr über konstante verträgliche Temperaturen und der Garten ist besonders für seine riesige Sammlung unterschiedlicher Rhododendren bekannt. Gegründet wurde Inverewe 1864 vom Landbesitzer und Clanchef Osgood Mackenzie. Für seine Vision benötigte er viel Geduld, da er das auserwählte Gelände – bei den Einheimischen als „großer Klumpen" verschrien – völlig umgestalten musste, um dort seinen Garten anlegen zu können. Er ließ das Land einzäunen, schaffte große Mengen Erde heran und pflanzte Kiefern und Rhododendronhecken als Windbrecher. 20 Jahre später erst konnten exotischere Pflanzen aus Australien, China, Südamerika und Nordamerika Einzug in Inverewe halten.

Heute gehören die Inverewe Gardens dem National Trust of Scotland und sind ein beliebtes Touristenziel. Über 100.000 Besucher finden jährlich den Weg hierher.

♦ Inverewe Gardens, Poolewe, ☏ 014 45/71 29 52,
www.nts.org.uk/Property/Inverewe-Garden-and-Estate,
10:00-18:00 (Garten), 10:30-18:00 (Restaurant),
Erwachsene £ 11,50, Familien £ 24,50

Loch Kernsary Walk

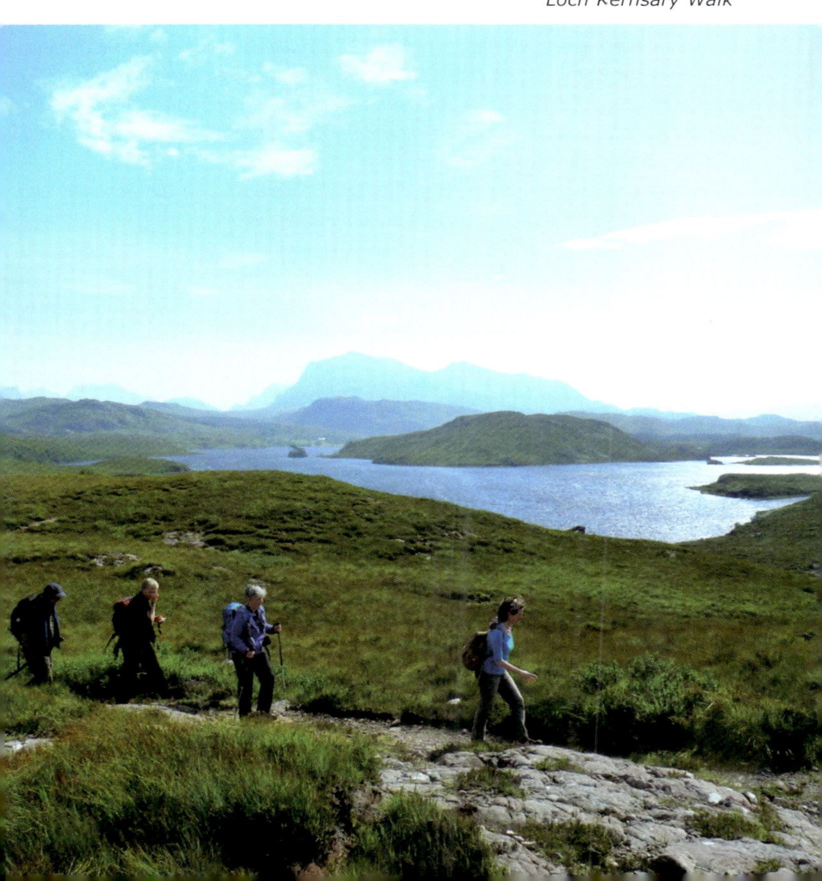

18 Strand und Wasserfall: die Gruinard-Bay-Runde

Tour für Naturliebhaber und Familien

Diese vielseitige Rundtour kombiniert den wunderbaren Strand von Gruinard (der geteilte Meeresarm) mit einsamer Schluchten- und Berglandschaft. Sie wandern zunächst auf oft überwachsenen Pfaden die Flussufer des Invarianvie entlang, vorbei an zwei hübschen Wasserfällen. Anschließend steigt der Pfad auf eine kleine Hochebene mit aufregenden Blicken auf einsame Lochs und das An-Teallach-Massiv hinauf. Nach einem feuchten Abstieg zum Gruinard-Fluss können Sie die letzten Kilometer gemütlich auf einem Fahrtrack Richtung Meer wandern. Um wieder zum Parkplatz zu gelangen, müssen Sie abschließend noch gut 1,5 km entlang der A832 zum Ausgangsort zurücklaufen. Dort können Sie abschließend den schönen langen Sandstrand genießen.

Achtung: Zwischen den beiden Wasserfällen verengt sich die Schlucht und einige Kletterstellen fordern Ihre ganze Aufmerksamkeit.

Start/Ziel: Parkplatz Gruinard Bay, GPS N 57°51.123' W 005°27.091'

10 km. Um die Kletterei vor dem zweiten Wasserfall zu vermeiden, ist es möglich, lediglich bis zum ersten Wasserfall zu wandern (3,5 km hin und zurück).

4 Std. bis 4 Std. 30 Min.

213 m/213 m

6-188 m

keine Markierung

keine Einkehrmöglichkeiten

schöne Rastmöglichkeit an den Felsen unterhalb des zweiten Wasserfalls (km 3)

Gruinard Bay

Wasserfälle und Kletterstellen sind spannend für Kinder, aber Achtung: ausgesetzte, ungesicherte Wegführung!

Es ist nur möglich, den breiten Track entlang des Gruinard River mit Buggy zu laufen.

Aufgrund der ausgesetzten felsigen Stellen ist der Weg nicht uneingeschränkt für Hunde geeignet.

kostenlose Parkmöglichkeit am Parkplatz Gruinard Bay

Der öffentliche Bus zwischen Gairloch und Ullapool/Inverness kann an der Gruinard Bay halten, es ist jedoch zeitlich schwierig, sowohl Hin- wie auch Rückfahrt zu koordinieren. Die Anreise mit dem eigenen Pkw ist empfehlenswert

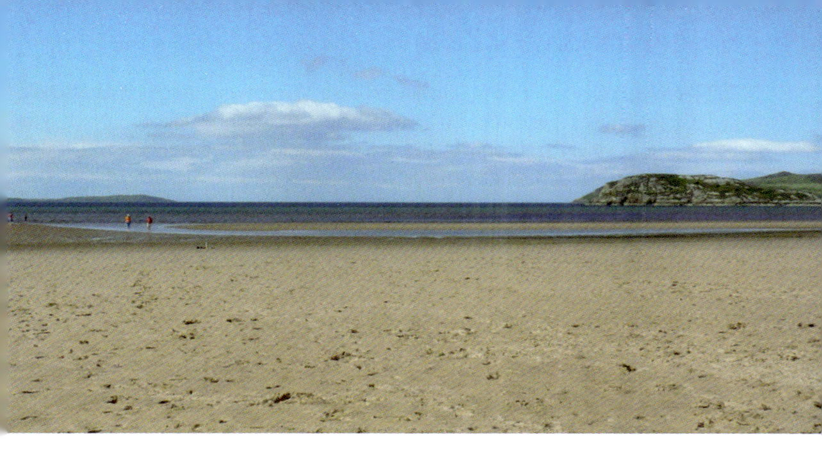

Gruinard Bay

Die hübsche vorgelagerte **Gruinard-Insel** in der gleichnamigen Bucht erlangte während des Zweiten Weltkriegs traurige Berühmtheit. Von Juli 1942 bis August 1943 führte das britische Kriegsministerium auf dem Eiland Versuche mit der biologischen Waffe Anthrax durch. 60 Schafe wurden den gefürchteten Milzbrandererregern ausgesetzt und starben. Unglücklicherweise hatten diese Tests dauerhafte Folgen für Gruinard Island. Nach Abschluss der Versuche stellten Chemiker fest, dass Sporen des Krankheitserregers in den Boden eingedrungen waren und diesen dauerhaft verseucht hatten. Die Insel wurde zum Sperrgebiet erklärt. Erst auf Druck der Öffentlichkeit begann 1986 die Entseuchung der Erde. Gruinard wurde 1990 wieder für bewohnbar erklärt und in einer medienwirksamen Zeremonie an die Erben der ursprünglichen Eigentümer zurückgegeben.

Starten Sie Ihre Wanderung am Gruinard-Bay-Parkplatz direkt an der A832. Von dort laufen Sie 200 m in südliche Richtung (Poolewe/Gairloch) die Straße entlang, bis Sie eine Brücke erreichen.

Davor führt ein Gatter auf einen Trampelpfad, dem Sie über eine Wiese Richtung Wasser folgen (ignorieren Sie den Track, der nach links abzweigt). Der undeutliche Steig kann anfangs sehr feucht und entlang des Inverianvie-Flusses überwachsen sein. Suchen Sie vorsichtig Ihren Weg durch hohen Adlerfarn, Stechginster und über ausgewaschene Wurzeln. Links oberhalb des Weges können Sie nach wenigen Metern die Reste eines eisenzeitlichen Rundhauses erkennen, die einzigen Spuren der frühgeschichtlichen Siedlungen im einst fruchtbaren

Tal. Ihr Weg steigt leicht an und mäandert über Wiesen und durch Felslandschaft aus Gneis, immer begleitet von hohem Farn, Heide und Ginster. Nach gut 30 Min. und einem kräftigen Anstieg blicken Sie auf den ersten Wasserfall des Tales (km 1,7). Jetzt verengt sich das Tal zur Schlucht und Sie steigen links des Wasserfalls weiter durch ausgewaschene Felsen aufwärts.

Jetzt Achtung: Der Pfad gabelt sich auf dem nächsten Kilometer zweimal. Folgen Sie beide Male den kleineren Trampelpfaden links höher aufwärts, um ausgewaschene Wegstücke nahe dem Fluss zu vermeiden.

Jetzt haben Sie das schwierigste Stück Ihrer heutigen Tour erreicht. Trittsicherheit und Schwindelfreiheit sind gefordert. Ihr Weg verengt sich und Sie müssen auf den nächsten 200 m mehrmals die Hände zur Hilfe nehmen. Nach 2,3 km treten Sie aus der Schlucht. Das Tal öffnet sich und Ihr Weg führt Sie durch eine flache und feuchte Flusslandschaft und an Resten von *shielings* vorbei – Highland-„Almen“, die von Talbewohnern für die Sommerweidewirtschaft genutzt wurden.

Crofting ist eine Form der Landwirtschaft und Bodenbesitzstruktur, die eine Besonderheit der schottischen Highlands und Inseln darstellt. Bis zum 19. Jh. wurde das Land in den Gemeinden und Siedlungen von allen Bewohnern gemeinschaftlich bearbeitet. Ab 1800 erhielten Kleinbauern eigene kleine Landparzellen zur Pacht, für den privaten Anbau. Viehhaltung fand weiterhin auf gemeinschaftlich genutztem Land statt. Die Kleinparzellen – Crofts genannt – boten meist keine ausreichende Lebensgrundlage und Crofter waren oft gezwungen, ihren Lebensunterhalt durch andere Gelegenheitsarbeiten (Fischerei, Kelpernte, Bautätigkeiten etc.) – häufig für den Landbesitzer – zu sichern. Bis Ende des 19. Jh. hatten die Crofter keinerlei Rechte an ihrem Land und konnten jederzeit vertrieben werden. Aufgrund einer Reihe von harten Auseinandersetzungen zwischen Landbesitzern und Kleinbauern änderte sich die rechtliche Position der Crofter jedoch langsam. Nach einer offiziellen Untersuchung der Situation durch die Regierung wurde 1886 ein erstes Gesetz verabschiedet, das erstmals die Pachtrechte der Crofter anerkannte. 1955 wurde eine Crofter-Kommission zur Interessenswahrung gegründet und 20 Jahre später erhielten die Bauern erstmals die Möglichkeit, ihr Land zu erwerben.

Auch heute spielt Crofting noch eine wichtige Rolle für die Highlands und Inseln, wenn auch keine entscheidende wirtschaftliche mehr. Noch immer leben etwa 33.000 Menschen auf 2-5 ha großen gepachteten Crofts, nutzen die dem Haus angeschlossenen Anbaufläche für den Eigenbedarf und die Gemeinschaftsweide für ein paar Rinder und Schafe. Die größte Zahl an Crofts ist dabei auf Skye, den Hebriden und den Shetland-Inseln zu finden. Meistens werden die Crofts als Familienbetriebe geführt und erzielen dabei bis zu 15 % des Einkommens.

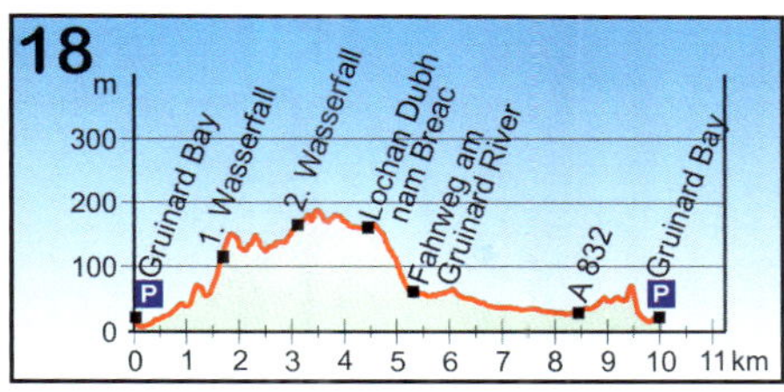

Am Ende des weiten Talabschnitts führt Ihr Weg links um einen kleinen Hügel herum aufwärts. Nach der Kurve stoßen Sie auf den zweiten Wasserfall (rechter Hand). Sie haben jetzt knapp 4 km der

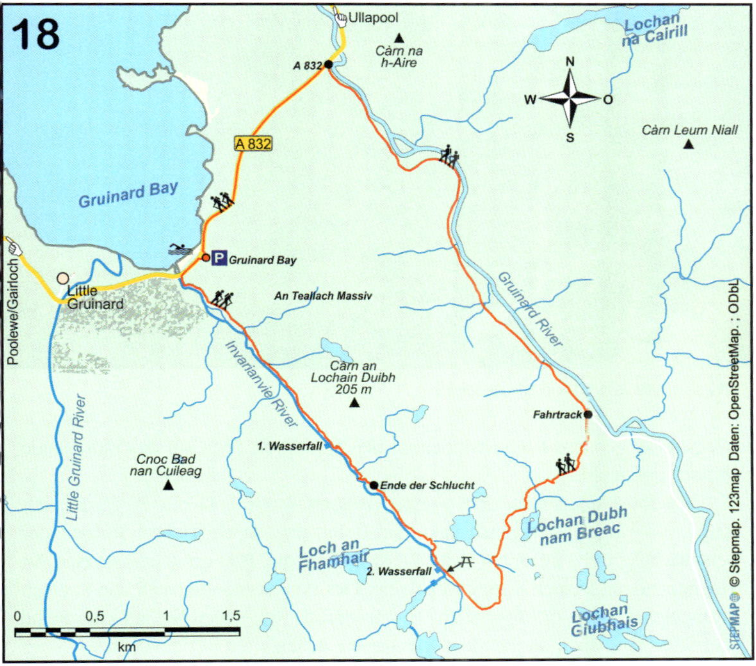

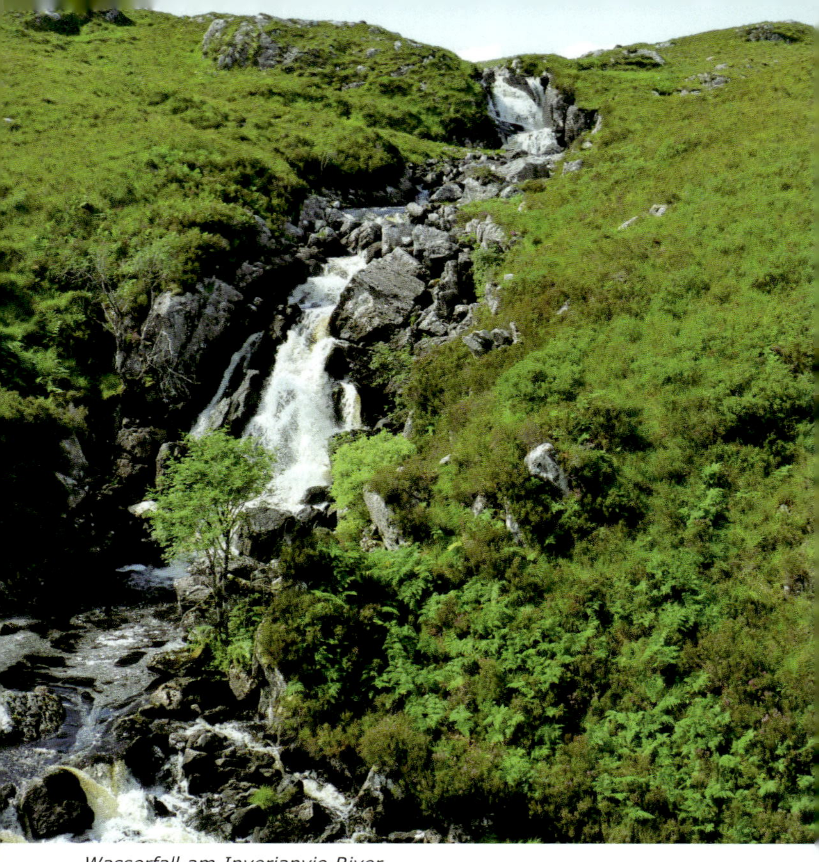

Wasserfall am Inverianvie River

Wegstrecke gemeistert und können an den Felsen mit Blick auf das rauschende Wasser pausieren.

Wenige Minuten nach dem zweiten Wasserfall schwenkt der Weg vor einer Reihe von Hügeln stark nach links. Sie treten jetzt in ein kleines Tal und der schmale Weg steigt zu einem kleinen felsigen Pass auf. Hier erreichen Sie eine Art Hochebene mit kleinen Seen und Hügeln. Der Weg verwandelt sich nun in einen Trampelpfad, dem zu folgen nicht immer einfach ist. Achten Sie auf eine Reihe von Steinmännchen, die bei der Orientierung helfen.

Zunächst führt Ihr Pfad auf einen Loch zu, der hinter einem Bergeinschnitt hervorspitzt. Bevor Sie diesen jedoch erreichen, schwenkt der Weg nach rechts und führt aufwärts.

Mithilfe der Steinmännchen erreichen Sie einen weiteren kleinen See mit Inseln – Lochan Dubh nam Breac (der dunkle See der Forelle). Sie wandern oberhalb des Ufers am diesem entlang, bis Sie schließlich eine Art Felsplateau erreichen und ins nächste Tal mit dem Gruinard-Fluss und einem breiten Fahrtrack blicken. In der Ferne sehen Sie den eindrucksvollen Bergrücken des An-Teallach-Massivs.

An Teallach

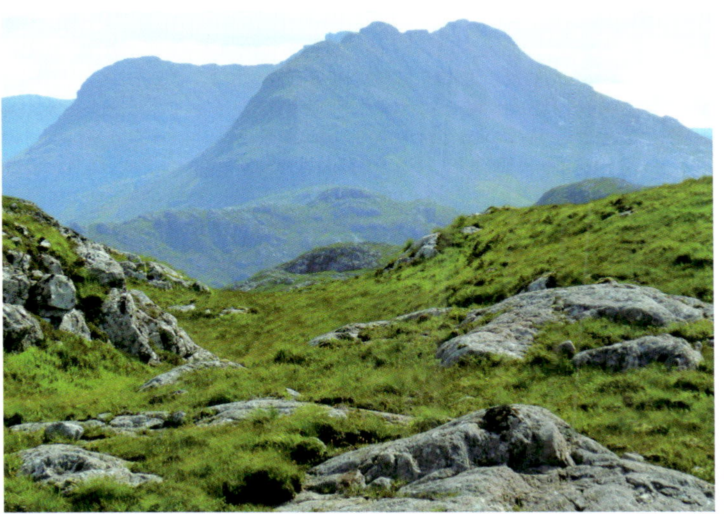

Nun windet sich der Pfad abwärts und es kann noch einmal etwas feucht unter den Füßen werden. Sie erreichen schließlich den Fahrtrack neben dem Fluss. Hier wenden Sie sich nach links und wandern gut 3 km gemächlich entlang der plätschernden Wasser des River Gruinard. An einer Brücke stoßen Sie auf die Hauptstraße A832. Um wieder an den Ausgangspunkt zu gelangen, müssen Sie erneut nach links gehen und die letzten 2,5 km die ruhige Straße entlanglaufen. Rechter Hand des Parkplatzes stoßen Sie auf den wunderbaren großen Strand der Gruinard Bay, der zum Baden und Entspannen einlädt.

19 Berg, See und alter Kutschweg: vom Meall a'Glas-Lèothaid nach Gairloch

Tour für Naturliebhaber

Diese interessante Streckenwanderung führt Sie zunächst auf den wunderbaren kleinen Berg Meall a'Glas-Lèothaid (Berg des grünen Abhangs, ⇧ 342 m) mit fantastischen Blicken auf die Torridon- und Letterewe-Berge. Anschließend wandern Sie durch das einsame – und oft feuchte – Hinterland des Gairloch Estate zum kleinen Stausee Loch Bad an Sgalaig. Nach einem kurzen Stück entlang der Straße führt Sie der idyllische alte Kutschenweg durch Wald- und Heidelandschaft nach Gairloch.

Start: Wanderparkplatz an der grünen Scheune, GPS N 57°41.230' W 005°35.830'; Ziel: Old Inn Gairloch, GPS N 57°42.774' W 005°40.648'

15,3 km. Sie können die Tour verkürzen, indem Sie sie teilen. Das bedeutet, dass Sie entweder die Runde vom/zum Parkplatz der grünen Scheune mit Berg und Staussee (7,9 km) oder lediglich den zweiten Teil der Wanderung nach Gairloch laufen. Im zweiten Fall gehen Sie von der grünen Scheune ein Stück die Straße entlang Richtung Gairloch und nehmen dann den Kutschenweg rechts (7,3 km).

5 Std.

496 m/602 m

⇧ 19-342 m

farbige Markierungspfosten im ersten Teil der Wanderung (von der grünen Scheune bis zum Stausee)

schöne Rastmöglichkeit auf dem Gipfel

zahlreiche Einkehrmöglichkeiten in Gairloch

verschiedene Läden in Gairloch

WC öffentliche Toiletten in Gairloch (Hafen, Golfplatz, Touristenbüro)

Aufgrund der Länge und des Mangels an „kindertauglichen" Highlights ist der Weg für Kinder nicht besonders geeignet.

Der erste Teil der Wanderung ist nicht möglich, der Kutschenweg mit geländetauglichen Buggys machbar.

Der Weg ist gut für Hunde geeignet, sie müssen aber an der Straße angeleint werden. Achtung bei frei laufenden Tieren!

P Parkmöglichkeit am Start und am Ziel

Es ist möglich, mit dem öffentlichen Bus (Wester Bus: Gairloch – Inverness) anzureisen: Bitten Sie den Busfahrer, am Parkplatz der grünen Scheune kurz anzuhalten.

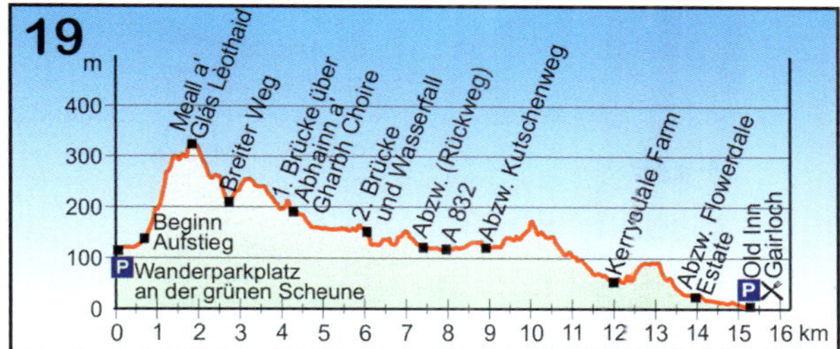

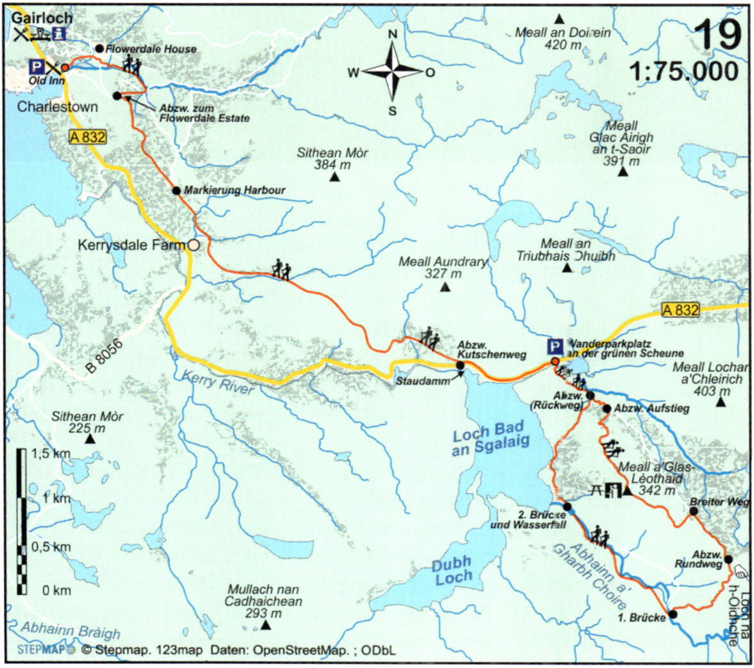

19
1:75.000
Gairloch
Flowerdale House
Old Inn
Charlestown
Abzw. zum Flowerdale Estate
A 832
Sithean Mòr 384 m
Meall an Doirein 420 m
Meall Glac Airigh an t-Saoir 391 m
Markierung Harbour
Kerrysdale Farm
Meall Aundrary 327 m
Meall an Triubhais Dhuibh
B 8056
Abzw. Kutschenweg
Staudamm
Kerry River
Wanderparkplatz an der grünen Scheune
Meall Lochan a'Chleirich 403 m
Abzw. (Rückweg)
Abzw. Aufstieg
Loch Bad an Sgalaig
Sithean Mòr 225 m
Meall a'Glas-Lèothaid 342 m
Breiter Weg
2. Brücke und Wasserfall
Abzw. Rundweg
Abhainn a' Gharbh Choire
Dubh Loch
Mullach nan Cadhaichean 293 m
1. Brücke
Loch na h-Oidhche
Abhainn Bràigh
1,5 km
1 km
0,5 km
0 km
STEPMAP © Stepmap. 123map Daten: OpenStreetMap. ; ODbL

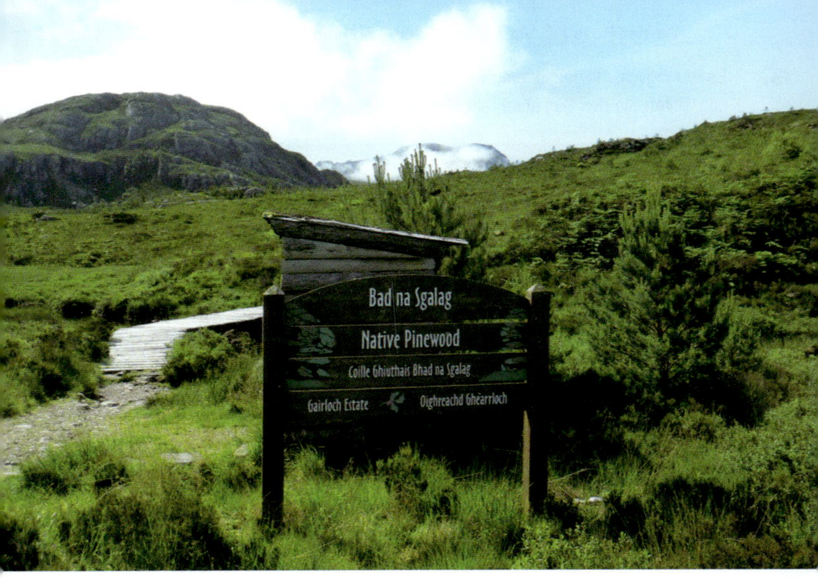

Wandereinstieg

Sie beginnen die Wanderung am Red Barn/Stable (heute ist das Gebäude grün und wird inzwischen „grüne Scheune" genannt). Auf der anderen Straßenseite führt ein gut markierter Wanderpfad zu einem Unterstand mit Infokasten. Sie befinden sich auf dem Gelände des 24.000 ha großen Gairloch und Conon Estate der Familie Mackenzie. Hier wurden vor einigen Jahren drei Wanderwege präpariert und gekennzeichnet, um dem lokalen Wandertourismus zu helfen und den Zugang zu den Torridon-Bergen zu erleichtern. Sie können auf einer Karte den Verlauf Ihrer Tour zum Teil nachverfolgen.

Kurz darauf kreuzen Sie ein kleines Holzbrücklein und ein Kissing Gate. Linker Hand blicken Sie auf einen kleinen Loch. Nach gut 500 m passieren Sie rechts einen kleinen Abzweig (Ihr Rückweg) und erreichen nach ca. 850 m erneut kleine Holzplanken auf der rechten Seite. Sie verlassen nun den Schotterweg und steigen durch eine Forstplantage 15 Min. lang in Kurven – stellenweise treppenähnlich – aufwärts. Ihr Pfad ist zwar recht schmal und matschig, dank kleiner Markierungspfosten (blau) jedoch gut erkennbar. Nach 1,65 km erreichen Sie den ersten Sattel (⇧ 281 m). Die nächsten 400 m bringen Sie entlang des Bergrückens zum Gipfel des Meall a'Glas-Lèothaid, der mit einem Steinpfosten markiert ist. Weit können Sie in alle Richtungen über das Meer, die Torridon- und Letterewe-Berge blicken – erstaunlich für eine Bergspitze von gerade einmal 343 m. Besonders die eindrucksvolle Nordflanke des Berges Baosbheinn (wahrscheinlich: Berg der Stirn oder Augenbraue) sticht ins Auge.

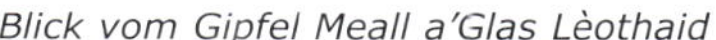

Blick vom Gipfel Meall a'Glas Lèothaid

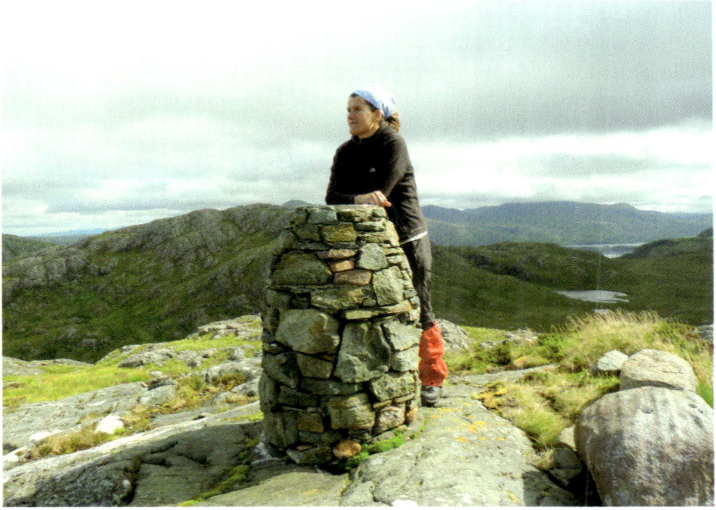

Wandern Sie nach Ihrer Pause weiter in südöstliche Richtung. Kleine Steinmännchen und gelegentliche Pfosten weisen den Weg. Immer wieder müssen Sie bei dem etwas undeutlichen Abstieg auf den feuchten Untergrund achten. Sie erreichen etwa 20 Min. nach dem Gipfel wieder den breiten Weg. Biegen Sie nun rechts ab und wandern Sie etwa 600 m auf dem Track, der bis zum Loch na h-Oidhche (See der Nacht(-fischerei)) führt.

Nun Achtung: An einer Gabelung verlassen Sie den Hauptweg nach rechts. Sie folgen den gelb markierten Holzpfosten. Ihr zunächst breiter Weg führt Sie Richtung Talgrund des Flusses Abhainn a' Gharbh Choire. Bald verschmälert sich Ihr Pfad und ein sehr feuchtes Stück Ihrer heutigen Wanderung beginnt. Nahe dem Ufer teilt sich der Weg und Sie müssen sich links halten, um eine kleine Brücke zu erreichen, mit deren Hilfe Sie den Fluss kreuzen können.

Geologie von Wester Ross. Schottland ist ein Paradies für Geologen. Die Vielfalt an Landschafts- und Gesteinsformationen begeistert Wissenschaftler und Laien gleichermaßen.

Grundsätzlich ist das Land in drei Regionen eingeteilt, die voneinander durch Verwerfungslinien getrennt sind: Southern Uplands, Central Belt und Highlands (unterteilt in Zentrales und Nordwestliches Hochland).

In Wester Ross können Sie wunderbar in die frühe geologische Vergangenheit reisen. Während der Großteil von Schottland vor etwa 600 Millionen Jahren während der kaledonischen Hebung entstanden ist – Meeresboden, Kalkgestein und Schlamm wurden unter Druck und Hitze umgewandelt und in die Höhe gedrückt –, liegt der Ursprung vieler Gesteine in Wester Ross noch viel weiter in der Erdgeschichte zurück. So trifft der Wanderer hier auf Felsformationen des Lewis-Gneiss-Komplexes, der vor über zwei Milliarden Jahren gebildet wurde, sowie auf Torridon-Sandstein (1.200-900 Mio. Jahre alt) und Quarzit aus dem Cambrian (500 Mio. Jahre alt). Glücklicherweise endete die große Plattenverschiebung des Moine Thrust, der große geologische Umwälzungen im gesamten Hochland bewirkte, kurz vor Loch Maree, sodass man dort noch heute die älteren Gesteinsformationen bewundern kann.

Während der Eiszeiten erhielt Schottland schließlich sein topografisches Gesicht. Bis zu 2 km hohe Eismassen überzogen das gesamte Land, schabten tiefe Täler aus, die sich mit Wasser füllten und bildeten Moränenlandschaften, gerundete Bergrücken, Trogtäler und Kare.

Die nächsten Kilometer wandern Sie nun stetig die Westseite des Flusses Abhainn a' Gharbh Choire entlang. Sie passieren einen kleinen Wasserfall und erreichen nach insgesamt gut 5,5 km die Reste einer weiteren Brücke. Nun verengt sich das Tal und Ihr Weg wird wieder trockener. In leichtem Auf und Ab geht es Richtung Norden und bald öffnet sich der Blick auf den Stausee Loch Bad an Sgalaig (der See des Gesträuchs des Arbeiters). Der Pfad ist anschließend etwas ausgesetzt und Sie erreichen einen weiteren Wasserfall und kurz darauf die dritte Brücke. Jetzt wandern Sie durch jungen Wald am Seeufer an einem Zaun entlang.

Etwa 600 m nach der letzten Brücke schwenkt der Weg nach rechts und Sie steigen aufwärts zu einem kleinen Sattel. Hier können Sie bereits den Schotterpfad sehen, auf dem Sie Ihre Wanderung begonnen haben. Auf dem kurzen Abstieg zu diesem kann es noch einmal etwas matschig werden. Wenn Sie den Ausgangsweg erreicht haben, gehen Sie nach links und bald stehen Sie erneut am Parkplatz der grünen Scheune (km 8).

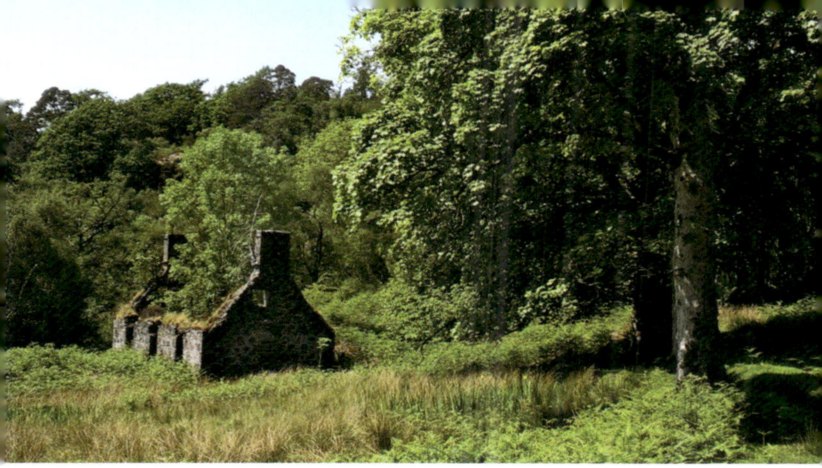

Kutschenweg

Hier startet der zweite Teil Ihrer heutigen Tour. Laufen Sie achtsam knapp 1 km die Straße Richtung Gairloch entlang, bis Sie den Damm des Stausees erreichen. Kurz dahinter beginnt auf der rechten Straßenseite der alte, etwas überwachsene Kutschenweg. Dieser stellte bis 1850 die Hauptverbindung nach Gairloch dar und ist heute ein idyllischer und einfacher Wanderweg. Er führt Sie zunächst durch einen alten Nadelwald, bevor Sie wieder in die Weite treten und entlang einiger Berghänge bis zur Kerrysdale Farm wandern. Etwas oberhalb von dem Anwesen kreuzen Sie bei einer kleinen Häuserruine eine kleine Brücke und laufen erneut in den Wald, leicht aufwärts. Sie passieren ein Kissing Gate und stoßen schließlich auf einen breiten Fahrweg. Hier aufgepasst: Nach wenigen Metern (rechts) stoßen Sie auf ein Schild des Flowerdale Estate, das Sie zum „Harbour & Flowerdale Carpark" weist (linker Hand). Sie biegen in den Weg ein und wandern durch idyllischen Mischwald und an einer bemoosten Trockensteinmauer entlang. Nach insgesamt 14 km erreichen Sie eine T-Kreuzung. Hier gehen Sie nach rechts, bis Sie an den Flowerdale Path gelangen. Dieser führt Sie nach links am Haus der Mackenzies vorbei bis zum Old Inn, wo Sie sich bei einer Einkehr von der Anstrengung erholen können.

ℹ The GALE Centre, Achtercairn, Gairloch, ☏ 014 45/71 20 71,
💻 www.galeactionforum.co.uk

✕ Gairloch Old Inn, Charlestown, Gairloch, ☏ 014 45/71 20 06 💻 www.theoldinn.net, gemütliche Bar mit regelmäßiger Livemusik, 🚪 für Mittag- und Abendessen geöffnet

20 Wilder Corbett im Beinn-Eighe-Naturreservat – Meall a'Ghiubhais

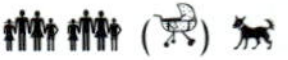

Tour für Naturliebhaber

Der raue, eindrucksvolle Corbett Meall a'Ghiubhais (runder Hügel der Kiefern) ist das Ziel dieser eindrucksvollen Wanderung im Beinn-Eighe-Naturreservat. Dank seiner isolierten Lage ist er ein fantastischer Aussichtspunkt für Loch Maree und die Gipfel von Torridon und Letterewe. Diese Wanderung verbindet einen gut präparierten Rundwanderweg mit einer weglosen Bergbesteigung.

Sollten Sie auf den Gipfelsturm verzichten wollen, bietet bereits der etwa dreistündige Mountain Trail einen wunderbaren Einblick in die dramatische Gebirgslandschaft des Beinn-Eighe-Massivs.

Start/Ziel: Coille-na-Glas-Leitir-Trails-Parkplatz, GPS N 57°37.848' W 005°20.927'

9,1 km, ohne die Besteigung des Corbetts 6,5 km. Alternativ kann auch nur der Woodland Trail gewandert werden (1,5 km).

4 Std. 30 Min. bis 5 Std. 30 Min.

875 m/875 m, steile An-/Abstiege auf felsigem und gerölligem Untergrund

32-887 m

Ein Großteil des Weges ist ausgezeichnet mit Steinpyramiden und Holzpfosten markiert (Mountain Trail), der Anstieg auf den Berg ist weglos und es gibt keine Markierung.

schönes Café/Restaurant in Kinlochewe

nächste Einkaufsmöglichkeit in Kinlochewe

Rastmöglichkeiten auf dem Gipfel und an der Steinpyramide des Mountain Trail

Loch Maree am Start/Ziel

Dank des felsigen Untergrunds mit leichten Kletterstellen (allerdings ungesichert) und der fantastischen Ausblicke ist die Tour durchaus spannend für Kinder. Sie kann mit einem Besuch des Beinn Eighe National Reserve Visitor Centre (2,5 km südlich gelegen) kombiniert werden.

Aufgrund der felsigen Steige und der weglosen Teilstücke ist der Weg für Buggys untauglich, lediglich der kleine Woodland Trail kann mit einem Geländebuggy gegangen werden. Alternativ bietet das Beinn Eighe National Reserve Visitor Centre eine Reihe von kleinen, schönen Wanderpfaden.

Der sehr felsige Untergrund ist für Hundepfoten nur eingeschränkt empfehlenswert.

P Coille-na-Glas-Leitir-Trails-Parkplatz

Wester Bus bedient mehrmals wöchentlich die Strecke Gairloch – Inverness. Die nächste Haltestelle ist Kinlochewe, aber man kann den Busfahrer bitten, am Coille-na-Glas-Leitir-Trails-Parkplatz kurz anzuhalten.

Sowohl der Woodland als auch der Mountain Trail beginnen am westlichen Ufer von Loch Maree am Coille na Glas Leitir Trails Car Park, 5 km nordöstlich des Örtchens Kinlochewe (Kopf des Sees Ewe) bzw. 2,5 km nördlich des Beinn Eighe National Reserve Visitor Centre an der A832. Am Parkplatz befinden sich eine Reihe von Informationstafeln sowie Beschreibungen der beiden Wanderwege.

Überqueren Sie die Straße durch eine Unterführung. Dahinter erreichen Sie eine kleine Holzbrücke, an der der „Waldweg" (Woodland Trail) nach rechts abzweigt. Sie wandern jedoch nicht über die Brücke, sondern halten sich geradeaus und folgen die nächsten 2 Std. dem mit Holzpfosten eindeutig markierten Mountain Trail. In regelmäßigen Abständen stoßen Sie auf befestigte Steinpyramiden, an denen Sie in der vom Naturpark herausgegebenen Broschüre (am Wandereinstieg erhältlich) hilfreiche Informationen nachlesen können.

Ihre Route klettert den ersten Kilometer durch den Coille na Glas Leitir (Wald des graugrünen Abhangs) aufwärts, einen lichten Birken- und Kiefernwald, der bereits seit Tausenden von Jahren die Hänge schmückt und nun verstärkt geschützt und aufgeforstet wird. Nach etwa 20 Min. gelangen Sie ins Freie und überqueren bald den Bach Alltan Mhic Eòghainn (MacEwans Bergbach) über eine Holzbrücke. Unter Ihnen erstreckt sich der große Loch Maree und auf der anderen Seeseite

Beinn Eighe

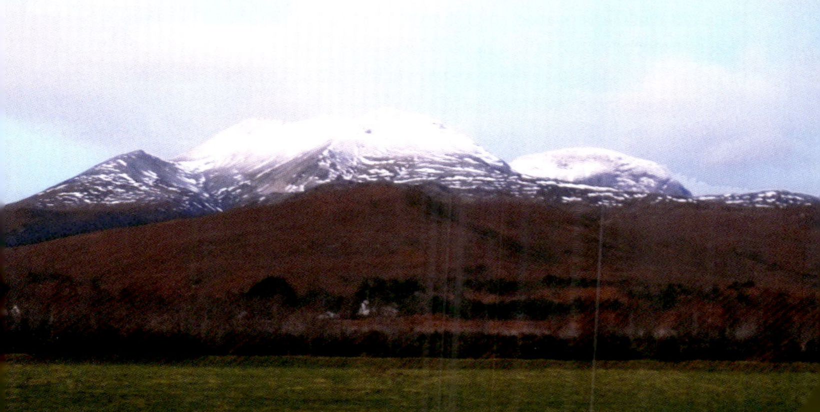

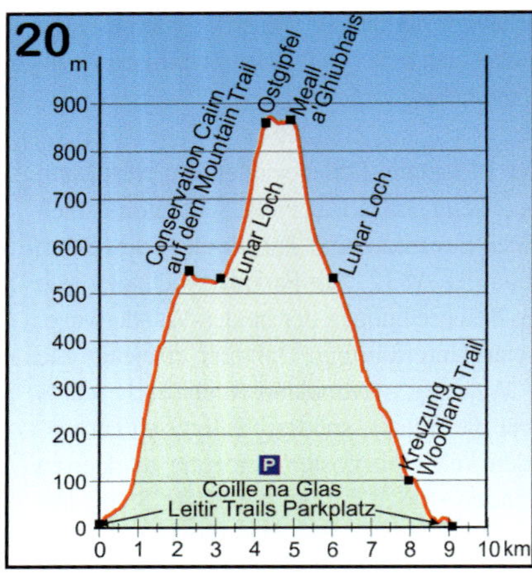

steigt eindrucksvoll der Sandsteinrücken des Munros Slioch (wahrscheinlich: Berg von erster (herausragender) Größe) in die Höhe.

Loch Maree ist einer der schönsten Frischwasserlochs in Schottland. Eingerahmt von den massiven Bergen Slioch (östlich) sowie Beinn Eighe, Beinn an Eòin (Vogelberg) und Baosbheinn (westlich) erstreckt sich der See 20 km lang von Norden nach Süden und ist dank seiner Fläche der viertgrößte See im Land. Loch Maree wurde nach dem sagenumwobenen irischen Mönch Maol Rubha benannt. Auf einer der vielen Inseln im Gewässer finden sich heute noch Reste einer Kapelle, einer heiligen Quelle und eines Friedhofes, die auf sein Wirken im 8. Jh. zurückgehen sollen.

Loch Maree ist nicht nur Heimat eines „eigenen Monsters", sondern auch Schauplatz vieler Sagen und Begebenheiten der Region. So berichtet eine Erzählung von der tragischen Liebe zwischen einer jungen Prinzessin und einem schönen Prinzen. Dieser hatte seiner Angebeteten ewige Liebe und Treue geschworen, bevor er in den Kampf um Ehre und Würde gezogen war. Als er nach langer Reise schließlich an den See zurückkehrte, erblickte er das Boot seiner Angebeteten mit einer Totenbahre. In großer Verzweiflung stürzte sich der Prinz in seinen Dolch. Entsetzt schoss die edle Prinzessin von ihrem Lager hoch. Sie hatte lediglich die Treue ihres Geliebten testen wollen und setzte nach dessen tragischem Tod ihrem eigenem Leben selbst ein Ende.

Bereits im frühen 17. Jh. führte der Betrieb der größten Eisenschmelze des Landes an den Ufern des Loch Maree zur massiven Abholzung der Region. Aufgrund der besonderen Geologie und der Vielfalt der Flora und Fauna ist das Gebiet jedoch heute wieder von großem ökologischen Interesse und beheimatet das Beinn Eighe National Nature Reserve.

Ihr Pfad steigt nun stetig in Kurven über felsiges Gelände aufwärts und passiert das Tensley Moor und die interessante Formation des Trumpet Rock, bis Sie nach einer guten Stunde schließlich die Höhe von 460 m erreicht haben. Es geht nun flacher weiter und Sie können bei klarem Wetter bereits wunderbare Aussichten auf die westlichen Gipfel des Beinn-Eighe-Massivs und die Torridon-Berge genießen. Trotz der guten Präparierung und der gelungenen Wegführung fordert Ihr Steig aufgrund des felsigen Untergrundes viel Achtsamkeit. In den Stein geschlagene Rillen erleichtern den Aufstieg und gelegentliche Felsquerungen. Zweimal schlägt Ihr Weg an Pyramiden einen scharfen Linkshaken.

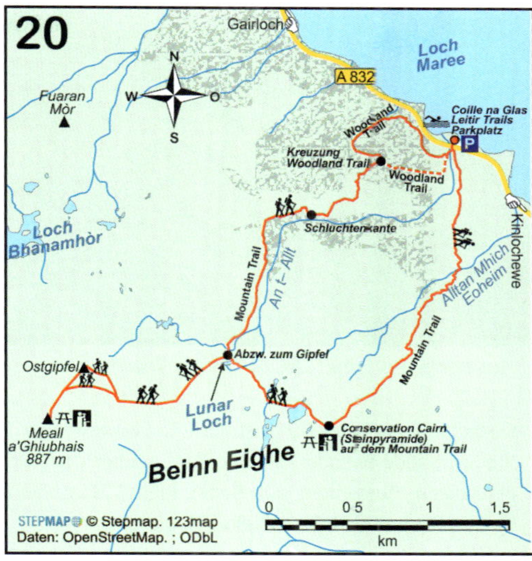

Nach 2,3 km haben Sie schließlich (nach Kreuzung einer letzten Quarzitebene) die „Conservation"-Steinpyramide und damit den höchsten Punkt des Mountain Trails mit 560 m erreicht. Vor Ihnen erhebt sich rechter Hand Ihr nächstes Ziel, der Bergrücken Meall a'Ghiubhais.

Nach einer ausführlichen Pause steigen Sie in Richtung Westen zunächst steil abwärts und passieren kurz darauf eine Reihe kleiner Seen. Nach gut 3 km erreichen Sie den einsamen Mondsee (Lunar Loch).

Hier verlassen Sie den markierten Weg und beginnen Ihren Aufstieg auf den Meall a'Ghiubhais. Sie sollten dies nur wagen, wenn Sie sich auch in weglosem Gelände gut orientieren und sich trittsicher bewegen können. Wandern Sie zunächst in südwestliche Richtung auf den Quarzitrücken des Berges zu. Sie erreichen dort einen steinernen Windschutz, an dem Sie verschnaufen können. Der Anstieg flacht nun etwas ab. Folgen Sie am besten zunächst dem Verlauf eines kleinen Baches und wandern Sie dann über den grasigen Hang direkt auf den Ostgipfel von Meall a'Ghiubhais zu. Versuchen Sie, die schwierigsten Geröllstellen zu vermeiden. Auf der östlichen Spitze des Berges angekommen können Sie nun den Verlauf des weiteren Weges gut erkennen. Der Hauptgipfel des

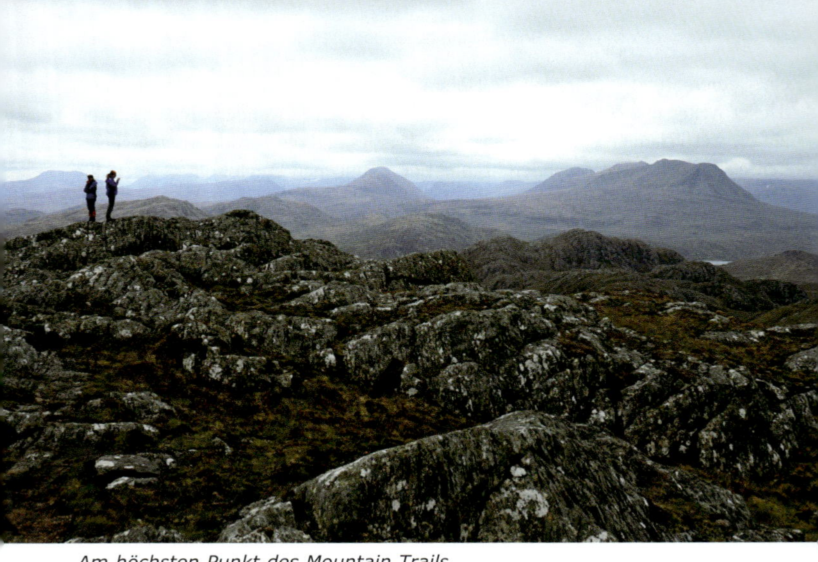

Am höchsten Punkt des Mountain Trails

Corbetts liegt etwa 400 m entfernt in südwestlicher Richtung. An dessen großer Steinpyramide befinden Sie sich 887 m über dem Meeresspiegel und werden mit einmaligen Aussichten auf Beinn Eighe, Baosbheinn und die Torridon-Berge Beinn Dearg und Beinn Alligin belohnt.

Wandern Sie vom Berggipfel wieder zum Mondsee zurück. Sie können dabei – falls Sie möchten und sich sicher fühlen – den nordöstlichen Gipfel auslassen und direkt steil zum See absteigen. Am Lunar Loch biegen Sie links auf den Mountain Trail ein und folgen diesem nun in nordöstliche Richtung. Sie wandern an der eindrucksvollen Schlucht des An-t-Allt-Flusses entlang, stellenweise über treppenartige Stufen. Ihr Blick ist wieder vor allem auf Loch Maree und Slioch gerichtetet. Nach gut 7 km erreichen Sie eine einsam stehende, alte schottische Kiefer. Der Weg führt nahe an eine Klippenwand (durch einen Zaun gesichert), von hier steigen Sie noch einmal gut 15 Min. abwärts, bis Sie den Waldrand erreichen und sich der Weg dort gabelt. Folgen Sie dem Woodland Trail nach links und genießen Sie noch einmal die schöne, natürliche Waldlandschaft. An der nächsten Kreuzung geht es erneut nach links und kurz darauf erreichen Sie die Brücke vom Wanderstart, passieren die Unterführung und stehen wieder am Coil-le-na-Glas-Leitir-Trails-Parkplatz.

21 In die Einsamkeit des Letterewe Forest – Rundtour zum Lochan Fada

Tour für Natur-/Geologieliebhaber

Diese vielseitige, lange Rundtour führt Sie am Fuße des dominierenden Sandsteinriesen Slioch entlang tief in die Einsamkeit des Letterewe Forest. Von Kinlochewe aus wandern Sie an die Ufer des Loch Maree und von dort aufwärts durch die Schlucht Bianasdail. Vorbei an rauschenden Wasserfällen steigen Sie auf kleinen Pfaden bis zum abgelegenen See Fada mit hübschen kleinen Kiesstränden. Der zweite Teil der Runde verläuft gemächlicher durchs na-Muice-Tal bis zur Siedlung Heights of Kinlochewe. Die letzten Kilometer führen auf einem Fahrtrack zum Ausgangspunkt zurück. Achtung, es gibt eine schwierige Flusskreuzung über den Abhainn an Fhasaigh (möglicherweise: Fluss des einsamen Tales) – kurz vor Erreichen von Lochan Fada. Bei hohem Wasserstand sollten Sie sich für eine Rückkehr durch das Gleann Bianasdail (Bianasdail ist wahrscheinlich ein Name aus dem Nordischen) entscheiden.

- Start/Ziel: Hauptstraße in Kinlochewe (Hotel), GPS N 57°36.248' W 005°18.036'
- 24,7 km, falls Sie über Gleann Bianasdail zurückkehren 21,6 km
- 6 Std. 30 Min. bis 7 Std. 30 Min.
- 534 m/534 m
- 17-417 m
- keine Markierung
- Whistlestop Café/Restaurant und Kinlochewe Hotel
- schöne Rastmöglichkeiten am Kiesstrand von Lochan Fada
- kleiner Laden gegenüber des Hotels und Shop in der Tankstelle
- WC öffentliche Toiletten in Kinlochewe (am Slioch-Terrace-Parkplatz)
- Lochan Fada (km 12,4) und Flüsse entlang des Weges
- aufgrund der Länge für Kinder nicht sehr geeignet
- Die schmalen, felsigen und feuchten Pfade sind für Buggys unbegehbar, es ist jedoch möglich, den Fahrtrack vom Ausgangspunkt bis nach Heights of Kinlochewe (Ende der Tour) zu laufen.
- Der Weg ist gut für Hunde geeignet, sie sollten aber an der Straße und auf Weidegebieten angeleint/kontrolliert werden.
- P mehrere öffentliche Parkplätze in Kinlochewe, nächster Parkplatz in Incheril
- Mehrmals wöchentlich verkehrt Wester Bus zwischen Gairloch und Inverness, Haltestelle vor dem Kinlochewe Hotel.

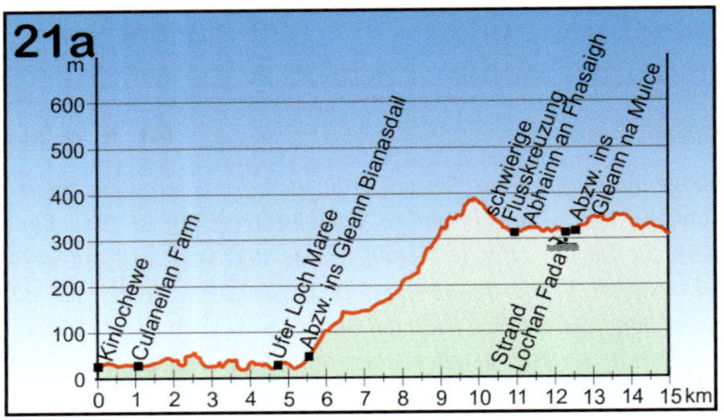

Der kleine Ort **Kinlochewe** ist ein guter Ausgangsort für Touren in Wester Ross. Er liegt an der Kreuzung dreier Täler (Glen Docherty, Glen Torridon und Loch Maree) und der Straßen nach Achnasheen, Gairloch und Torridon. Sein Name – „Kopf am Loch Ewe" – erscheint zunächst irreführend, da der kleine See Loch Ewe 20 km entfernt an der Westküste liegt. Bis zur Eiszeit war dieser jedoch mit der großen Schwester, dem heutigen Loch Maree, verbunden und gab dem See auch nach der Schmelze noch den Namen. Erst im 18. Jh. wurde der große Süßwassersee zwischen Beinn Eighe und Slioch im Andenken an den im 8. Jh. in der Region tätigen Missionar Mealrubha in Loch Maree umbenannt.

Beginnen Sie Ihre Wanderung am Kinlochewe Hotel, das neben Hotelzimmern auch billigere Bunkhouse-Übernachtungen im Nebengebäude anbietet. Laufen Sie entlang der Hauptstraße Richtung Inverness. Hinter der Brücke können Sie ein kurzes Stück den parallel verlaufenden Fahr-/Wanderweg nutzen. Nachdem Sie den Eingang zum Kinlochewe Estate (linker Hand) passiert haben, biegen Sie an der Abzweigung nach links ab („Incheril" – Wiese des schielenden Auges), überqueren die Wasser des Abhainn Bruachaig (Fluss der kleinen Ufer) und laufen bis zur Kinlochewe Primary School. Hier geht es erneut nach links und Sie wandern nun an einigen Häusern vorbei. Südlich öffnen sich wunderbare Blicke auf die östlichen Gipfel von Beinn Eighe und den Corbett Meall a'Ghiubhais (☞ Tour 20). Nach dem letzten Gebäude geht die Asphaltstraße in einen Erd-/Schottertrack über. Sie halten sich an den nächsten beiden Gabelungen links und wandern nun die flache und feuchte Talebene des Kinlochewe-Flusses entlang. Der Pfad ist gelegentlich undeutlich, feucht und überwachsen, und Sie müssen auf Ihre Schritte achten und eine

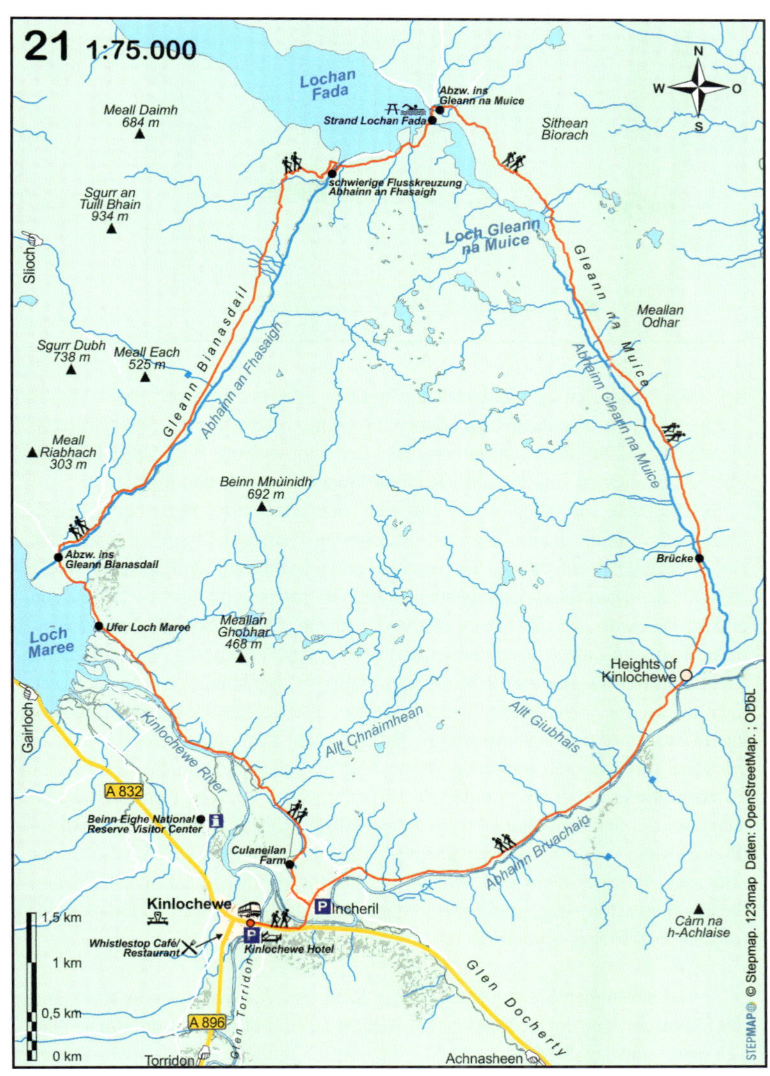
21 1:75.000
Lochan Fada
Meall Daimh 684 m
Abzw. ins Gleann na Muice
Strand Lochan Fada
Sithean Biorach
schwierige Flusskreuzung Abhainn an Fhasaigh
Sgurr an Tuill Bhain 934 m
Loch Gleann na Muice
Slioch
Gleann na Muice
Meallan Odhar
Gleann Bianasdail
Abhainn an Fhasaigh
Abhainn Gleann na Muice
Sgurr Dubh 738 m
Meall Each 525 m
Meall Riabhach 303 m
Beinn Mhùinidh 692 m
Abzw. ins Gleann Bianasdail
Brücke
Ufer Loch Maree
Loch Maree
Meallan Ghobhar 468 m
Heights of Kinlochewe
Gairloch
Kinlochewe River
Allt Chnàimhean
Allt Giubhais
A 832
Beinn Eighe National Reserve Visitor Center
Abhainn Bruachaig
Culaneilan Farm
Kinlochewe
Incheril
Whistlestop Café/ Restaurant
Kinlochewe Hotel
Càrn na h-Achlaise
1,5 km
1 km
0,5 km
0 km
A 896
Glen Torridon
Glen Docherty
Torridon
Achnasheen
STEPMAP © Stepmap. 123map Daten: OpenStreetMap ; ODbL

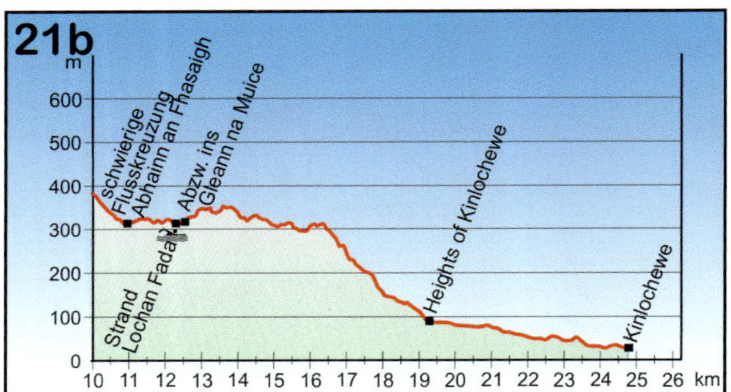

Reihe von Bachläufen queren. Gehen Sie im Zweifelsfall immer etwas erhöht, um die feuchtesten Stellen vermeiden zu können. Im Frühjahr steht hier der Stechginster in wunderbarer Blüte. Rechter Hand erscheint der eindrucksvolle Berg Slioch in Ihrem Blickfeld, an dessen Fuß der erste Teil Ihrer Wanderung verlaufen wird.

Nach etwa 4 km haben Sie die Ufer des Loch Maree erreicht und einige Hundert Meter weiter queren Sie den Abhainn-an-Fhasaigh-Wasserlauf über eine Holzbrücke. Jetzt aufgepasst: Sie passieren einen Metallzaun und verlassen direkt dahinter den Hauptpfad nach rechts. Ein kleiner Trampelpfad führt nun den Zaun entlang ins eindrucksvolle Gleann Bianasdail hinein. Die nächsten Kilometer wandern Sie immer unweit der rauschenden Wasser des Abhainn an Fhasaigh, stetig leicht aufwärts. Es gibt eine Reihe kleiner Pfade und Sie können entscheiden, wie nahe Sie an der Schluchtwand laufen möchten. Die besten Blicke auf die unzähligen Wasserfälle und Felsformationen haben Sie auf dem untersten Weg, aber er erfordert Trittsicherheit und ein gewisses Maß an Schwindelfreiheit.

Nach insgesamt 8 km Wanderstrecke entfernt sich Ihr Weg vom Wasser und steigt aus der Schlucht hinauf bis auf knapp 400 m Höhe. Die Landschaft des Letterewe Estate flacht sich erneut ab und Sie können bald auf die wilde Natur der Fisherfield (nordwestlich) und Fannich Forests (nordöstlich) blicken. Hier liegen die abgelegensten Berge und Seen in ganz Schottland, eine wahre Herausforderung für Bergsteiger und Wanderer.

Jetzt kommen Sie an die kritischste Stelle der Wanderung – die Kreuzung des Flusslaufs Abhainn an Fhasaigh am Austritt aus dem Lochan Fada. Suchen Sie sich eine günstige Stelle, an der Sie die Wasser mithilfe von Stepping Stones überqueren können. Dies ist in den meisten Fällen mit Achtsamkeit möglich. Sollte der Fluss jedoch zu hoch stehen, um eine sichere Kreuzung zu gewährleisten, sollten Sie, statt Ihre Runde fortzusetzen, wieder den Rückweg übers Gleann Bianasdail antreten.

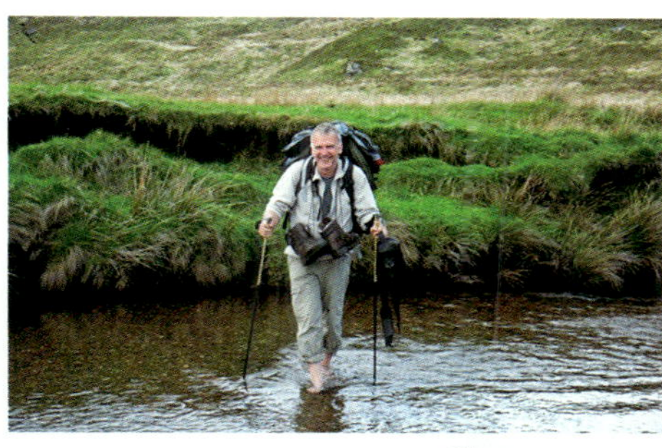

Flussquerungen

Flussquerungen: In Schottland führt nicht über jeden Bach eine Brücke, nicht einmal über jeden Fluss. Oftmals müssen Sie mit sogenannten „Stepping Stones" vorliebnehmen, um ans andere Ufer zu gelangen. Problematisch wird es, wenn es viel geregnet hat und Flüsse sehr viel Wasser führen können. Wenn Sie keine seichte Stelle finden, wo Sie trockenen Fußes den Wasserlauf überqueren können, hilft nur:

▷ Schuhe aus, Socken evtl. anlassen – hilft gegen die Kälte und harten Untergrund. Vorsicht, Rutschgefahr!
▷ Stöcke zur Hilfe nehmen und vorsichtig queren.
▷ Füße abtrocknen.
▷ Trockene Socken anziehen und Schuhe wieder an.

Durchwaten Sie Flüsse immer nacheinander und leicht flussaufwärts!

☺ Falls der Untergrund zu schwierig und die Schuhe vom Regen ohnehin schon nass sind, erübrigt sich die oben genannte Praxis des Flussquerens. Dann einfach rein und durch. Hinterher Schuhe mit einem Handtuch von innen etwas trocknen und frische Socken anziehen.

☺ Trekkingstöcke sollten Sie beim Durchqueren ohne Schlaufen benutzen und Hüft- und Brustgurt des Rucksacks öffnen, um ihn im Notfall schnell abstreifen zu können. Schuhe nicht locker in der Hand über den Fluss tragen, sondern am besten verknüpft um den Hals hängen oder am Rucksack befestigen. So vermeiden Sie, dass Ihre Wanderstiefel im Fluss davonschwimmen, sollten Sie unerwarteterweise ausrutschen.

Grundlegend gilt: Sollten Sie hinsichtlich der Wassertiefe und Strömungsstärke unsicher sein und Zweifel haben, ob Sie den Bach sicher überqueren können, sehen Sie von Ihrem Vorhaben ab und wählen Sie einen sicheren Umweg oder kehren Sie um!

Auf der anderen Bachseite führen feuchte, undeutliche Pfade am Ostende von Lochan Fada entlang, bis Sie an einem der kleinen Kiesstrände des schönen Sees die wohlverdiente Mittagspause einlegen können. Sie haben nun den schwierigsten Teil Ihrer Wanderung gemeistert!

Wollgras

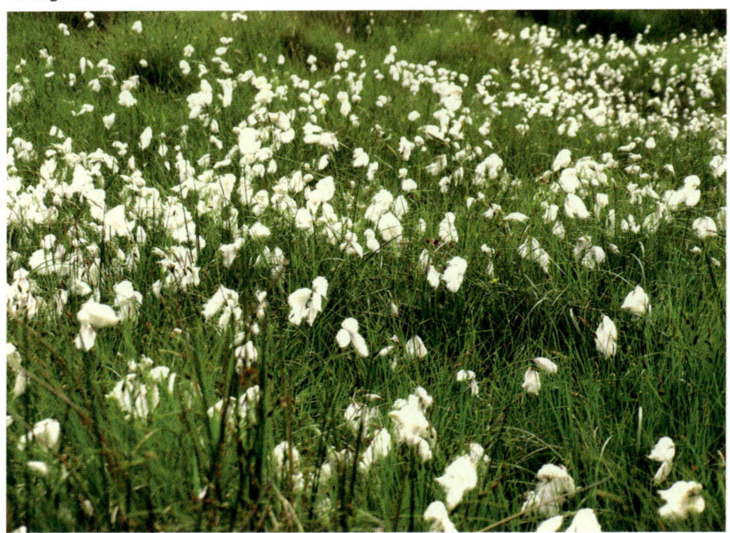

Am Ende des letzten und längsten Strandes setzen Sie Ihre Tour fort (km 12,4). Sie müssen nun wieder ein wenig Orientierungsgeschick beweisen. Ein kleiner Weg kreuzt zunächst einen Wasserlauf und verzweigt sich anschließend. Folgen Sie dem Pfad, der in südöstliche Richtung schwenkt, nicht den Wegen Richtung Norden oder Osten! Sie wandern die nächsten Kilometer immer leicht abwärts durch das moorige na-Muice-Tal, das von einer Reihe kleiner Seen und

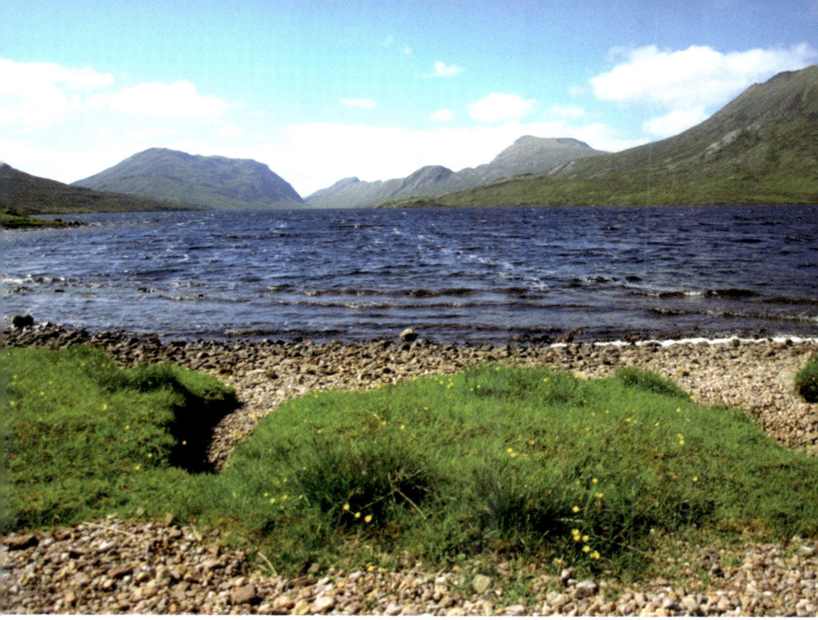

Lochan Fada

zahlreichen Wasserläufe durchzogen ist. Nachdem Sie Loch Gleann na Muice (Tal des Schweines) passiert haben, erreichen Sie an einem Gatter ein Wiederaufforstungsgebiet des Letterewe-Landgutes. Hier wurde vor über 10 Jahren eine Reihe einheimischer Baumarten wie die endemische schottische Kiefer angepflanzt, um das Moorland zu renaturieren und Artenvielfalt zu schaffen. Ihr Weg geht in einen breiteren Fahrtrack über und nach gut 19 km erreichen Sie bei der kleinen Siedlung Heights of Kinlochewe einen breiten Fahrweg. Wenden Sie sich nach rechts und wandern Sie die letzten Kilometer bequem nach Kinlochewe, bis sich an der Grundschule Ihr Rundweg schließt und Sie schließlich wieder das Hotel erreichen.

✕ Kinlochewe Hotel, ☏ 014 45/76 02 53, www.kinlochewehotel.co.uk, 11:00-23:00

♦ Whistle Stop Café, ☏ 014 45/76 04 23, 8:30-18:00

22 Durch den Coulin Forest – von Achnashellach nach Torridon

Tour für Natur-/Geologieliebhaber

Diese Streckentour führt mitten durch den Coulin Forest, eine wenig bekannte, einsame Region im Südosten von Wester Ross. Auf Jagdpfaden wandern Sie über mehrere Pässe durch eine wunderbar komplexe Landschaft mit weiten Tälern, U-Karen, grünen Seen und scharfkantigen Gipfeln. Sie starten in Achnashellach (Feld des Weidenbaumes) im Glen Carron und beenden die Wanderung am Fuße einer der aufregendsten Berggruppen Schottlands: Liathach, Beinn Eighe und Beinn Alligin. Dank durchgehender, meist gut präparierter Wege stellt diese abgelegene Tour in Hinblick auf Technik und Orientierung keine Schwierigkeit dar. Die größte „Herausforderung" ist die Organisation des Transportes.

→ Start: Achnashellach, an der A890, GPS N 57°28.906' W 005°19.730';
Ziel: Torridon Inn, Torridon, GPS N 57°31.681' W 005°31.614'

18,2 km

5 Std. 30 Min bis 6 Std. 30 Min.

↑↓ 708 m/736 m, steiler felsiger Abstieg nach dem ersten Sattel

⇧ 8-658 m

Richtungsmarkierungen zu Beginn der Tour

Torridon Inn, Tearoom im Shop von Torridon

keine Sitzbänke

Shop in Torridon (3 km von Annat, dem Wanderziel mit dem Torridon Inn)

WC öffentliche Toiletten in Torridon am Campingplatz

aufgrund der Länge für kleinere Kinder nicht ideal

Felsige und gelegentlich feuchte Wege sowie der steile Abstieg am ersten Sattel machen die Nutzung von Buggys unmöglich.

Hunde können den größten Teil Strecke frei laufen, achten Sie aber auf Bodennister (Moorhühner).

P Parkbucht am Wandereinstieg an der A890, Parkmöglichkeiten an der Straße im Örtchen Torridon

Achnashellach hat einen eigenen Bahnhof und wird mehrmals täglich von Zügen zwischen Inverness und Kyle of Lochalsh angefahren. Die Rückfahrt ab Torridon mit dem öffentlichen Nahverkehr ist allerdings kaum möglich, sodass die Anreise mit dem eigenen Pkw empfehlenswert ist.

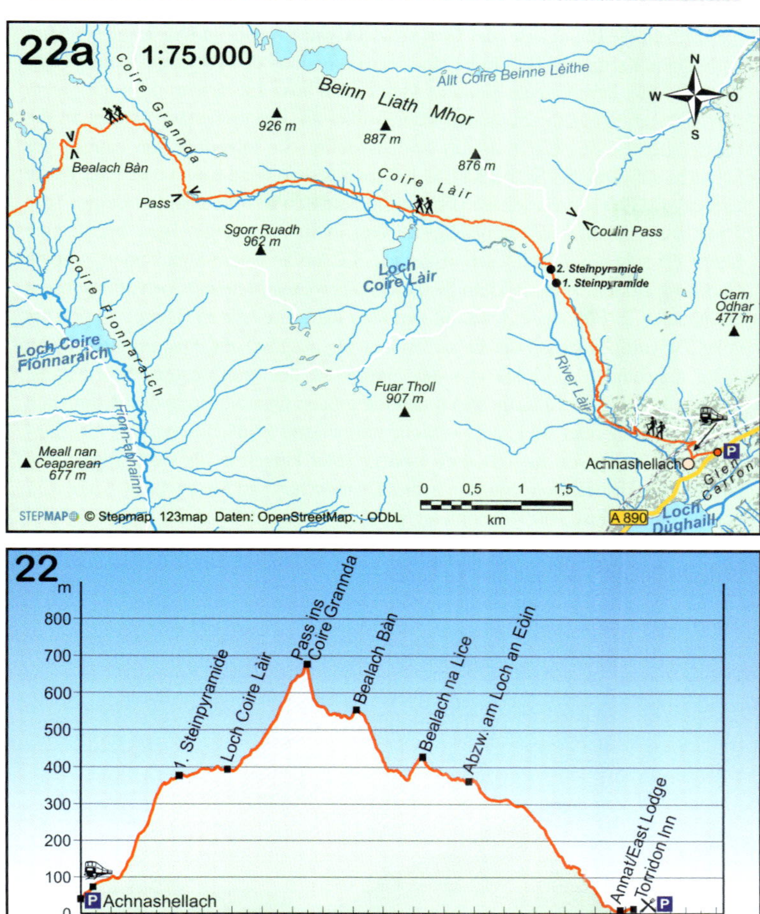

Startpunkt dieser Tour ist die Siedlung Achnashellach. Von der A890 folgen Sie an der roten Telefonzelle dem Schild Richtung Bahnhof und laufen zunächst eine kleine Straße Richtung Norden durch dunklen Wald voller Rhododendren.

Sie kreuzen die Bahngleise, der Weg schwenkt nach rechts und Sie erreichen kurz darauf eine Kreuzung. Hier weist eine versteckte Tafel den Weg zum Coulin Pass. Wandern Sie diesen einige Hundert Meter nach links aufwärts und biegen Sie an der nächsten Kreuzung auf einen kleinen Pfad ab, der im spitzen Winkel an die Wasser des Flusses Làir (Kar des Bodens) führt. Sie folgen dessen Lauf in der Schlucht aufwärts, bis Sie nach etwa 1,5 km aus dem Wald treten und erste Blicke zurück ins Glen Carron werfen können. Im Schatten des dominanten Berges Fuar Tholl (kaltes Loch) im Westen steigt Ihr Weg in Kurven stetig bergan, bis Sie eine Ebene erreichen und dort nach insgesamt 3,2 km an einem Steinhaufen auf eine Gabelung stoßen. Hier wandern Sie geradeaus weiter, biegen jedoch am nächsten Steinhaufen 200 m weiter links auf den Pfad ins Coire Làir ab. Dieses eindrucksvolle Tal wurde während der Eiszeit weitflächig ausgeschabt und vermittelt Ihnen einen imposanten Eindruck von der Einsamkeit des Nordwestens Schottlands. Rechter Hand (östlich) türmen sich nun die grauen Quarzitwände des Beinn Liath Mhor (großer grauer Berg) auf, während linker Hand (südlich) die roten Torridon-Sandsteinklippen von Sgòrr Ruadh (spitzer roter Hügel) in die Höhe ragen. Die nächsten 3 km wandern Sie durch diese Landschaft, passieren Loch Coire Làir und erklimmen fast 300 Höhenmeter, bis Sie den engen Sattel am Ende des Tales erreichen. Nahe dem Bergpass wird Ihr Weg stellenweise etwas feucht und undeutlicher, ist jedoch immer zu finden.

Sgòrr Ruadh und Fuar Tholl

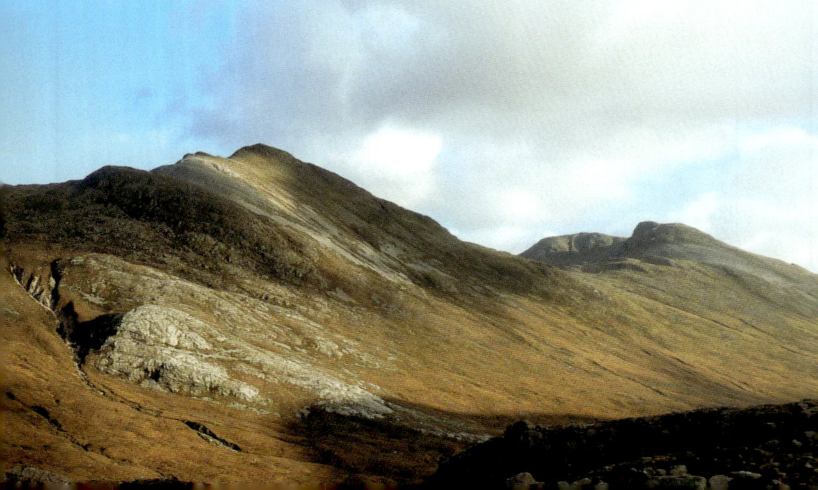

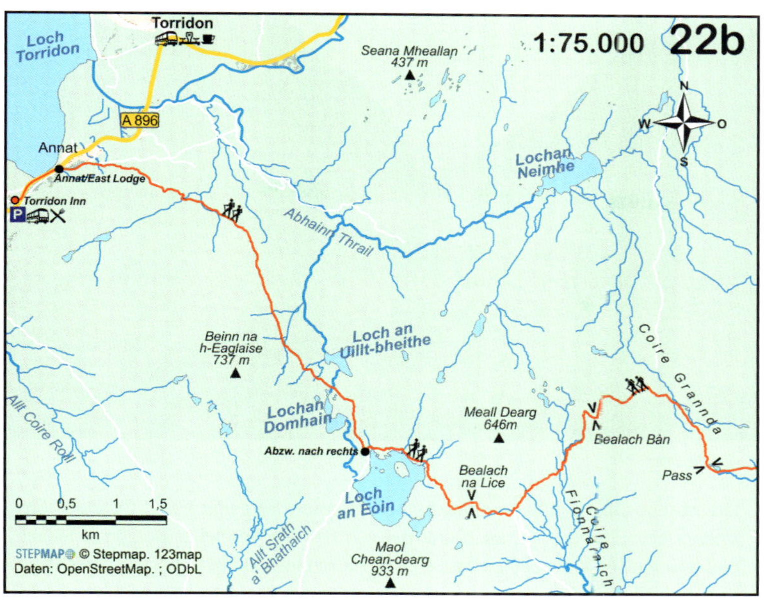

Schottland verfügt über eine artenreiche **Vogelwelt**. Über 300 Vogelarten, davon viele Seevogelkolonien, sind in Schottland beheimatet. Das Land befindet sich an zwei großen Vogelfluglinien. Die eine bringt Vögel aus dem Norden (Grönland, Skandinavien und Russland), die andere aus dem Süden (Afrika, Mittelmeerraum). In den Highlands können Sie mit etwas Glück Moorhühner (*grouse*), Auerhähne (*capercaillie*), Bussarde (*buzzard*) und sogar Steinadler (*golden eagle*) beobachten. Etwa 20 % der gesamten europäischen Steinadlerpopulation leben in Schottland, momentan brüten etwa 400 Paare in den Highlands und den Küstenregionen. Auch Fischadler (*ospreys*) nisten seit Mitte des 20. Jh. wieder in Schottland, sowohl am Meer als auch an Frischwasserseen.

Auf dem Pass überqueren Sie eine kleine Hochebene, bevor Sie steil und auf steinigem Untergrund ins kleine Coire Grannda (düsterer Kar) absteigen. Ihr bisher sehr felsiger Pfad kann nun stellenweise etwas feuchter und erdiger werden und schwenkt langsam in Richtung Nordwesten/Westen. Es eröffnen sich neue

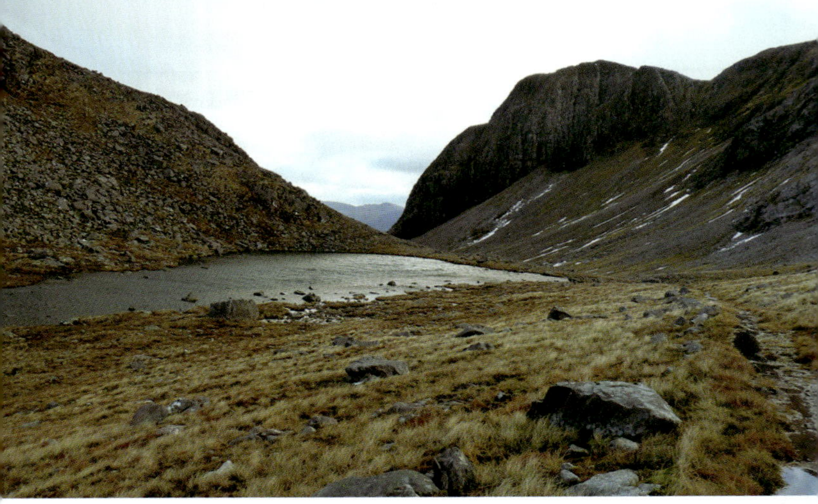

Coire Làir

fantastische Blicke auf die dramatischen scharfen Berggipfel von Torridon. Sie steigen einige Meter auf den Sattel Bealach Bàn (weißer/heller Bergpass) hinauf und anschließend zwischen massiven Bergrücken ins Fionnaraich-Tal (wahrscheinlich: kalter/kühler Kar) ab. Nach 10,7 km trifft an einer Steinpyramide der Weg aus dem Tal auf Ihren Pfad. Er stellt eine der alten Verbindungen zwischen Glen Carron und Glen Torridon dar.

Torridon ist ein wahres Paradies für Bergsteiger. Die wunderbaren Sandsteinkolosse von Liathach, Beinn Eighe und Beinn Alligin zählen unter Munroisten zu den größten Herausforderungen und sollten nur bei guter Wetterlage und mit entsprechenden Navigationskenntnissen, Trittsicherheit und Ausdauer gewagt werden.

Am Nordufer des gleichnamigen Lochs gelegen bietet der 200-Seelen-Ort Torridon eine Reihe von Unterkunfts- und Verpflegungsmöglichkeiten für Wandertouristen, allerdings ist das öffentliche Verkehrnetz sehr spärlich ausgebaut. Mit eigenem Pkw lassen sich schöne Ausflüge nach Applecross (südlich von Loch Torridon gelegen) und in die Region Strathcarron unternehmen.

Sie wandern geradeaus weiter, auf den runden Rücken des „kahlen roten Kopfes“ (Maol Chean-dearg) zu und steigen zum letzten Sattel auf – Bealach na Lice

(Pass der flachen Steine, ⇧ 400 m). Ihr Weg führt nun am Nordufer des schönen Lochs an Eion (See der Vögel) vorbei. Halten Sie sich an der Gabelung am Ende des Sees rechts. Sie wandern über eine wasserreiche Ebene, die noch einmal eine besondere Herausforderung darstellen kann. Zwischen zwei Seen müssen Sie einen Wasserarm kreuzen, was bei hohem Wasserstand einiges Geschick erfordert. Ihr Weg führt nun über ein Geröllfeld und Sie erblicken erstmals das kleine Örtchen Torridon in der Ferne und die Flanken des Berges Liathach (der Graue) und seines östlichen Nachbarn Beinn Eighe (Berg der Feile). Ihr Ziel ist nun nicht mehr weit. Die nächsten Kilometer führen Sie an der Nordflanke des Beinn na h-Eaglaise (Berg der Kirche) ins Torridon-Tal hinab. Nach 17,6 km erreichen Sie bei der East Lodge in Annat die Autostraße A896. Wenden Sie sich hier nach links und Sie können nach weiteren 500 m im Torridon Inn einkehren. Wenn Sie an der Straße rechts weitergehen, erreichen Sie nach 3 km das „Zentrum" des Örtchens Torridon mit kleinem Laden und angeschlossenem netten Café.

Torridon Inn, ☏ 014 45/79 12 42, www.thetorridon.com, Frühstück 8:00-10:00, Mittagessen 12:00-15:00, Abendessen 18:00-21:00

Torridon Stores & Cafe, ☏ 014 45/79 14 00, www.torridonstoresandcafe.co.uk, Mo-Sa 10:00-17:00

Liathach

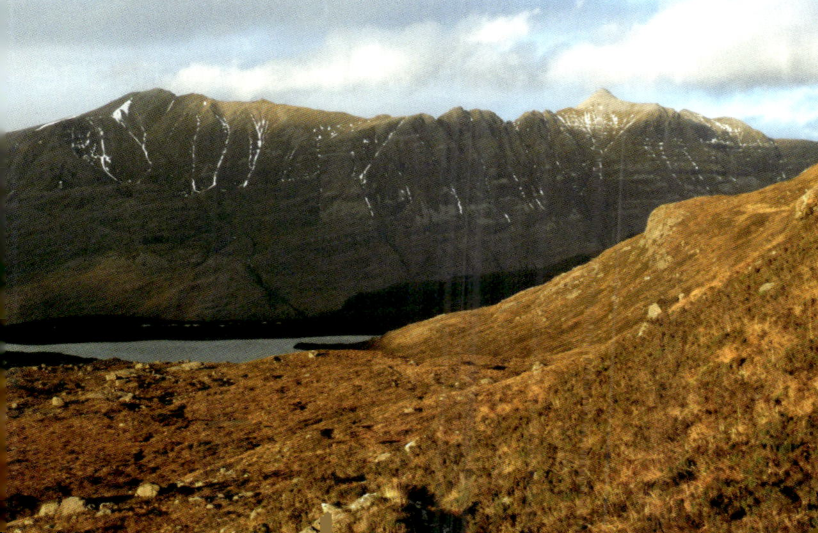